Hannelore Goos

Juwelen am Himmel

Achsen und Lichter im Horoskop

Bibliografische Information der Deutschen Nationalbibliothek:
Die Deutsche Nationalbibliothek verzeichnet diese Publikation in der
Deutschen Nationalbibliografie; detaillierte bibliografische Daten sind im
Internet über http://dnb.d-nb.de abrufbar.

Herstellung und Verlag: BoD – Books on Demand, Norderstedt
ISBN 978-3-74483-804-7

Inhalt

Eine Geschichte

In den 90er Jahren des letzten Jahrhunderts gab es im sogenannten „Frauenfunk" des Hessischen Rundfunks eine Sendung über und mit Frauen, die mit Männern aus anderen Kulturen verheiratet waren. Die Eingeladenen berichteten darin, an welchen Stellen der Unterschied der Kulturen in ihrer Ehe besonders zum Tragen kam.

Die Erzählung einer Frau mit saudi-arabischem Ehemann ist mir besonders im Gedächtnis geblieben:

Wir haben uns an der Universität hier in Frankfurt kennen gelernt, verliebten uns und heirateten. Tatsächlich hatten wir auch das Glück, eine kleine Wohnung mit Balkon mieten zu können. Die bezogen wir im Herbst und den ganzen Winter über gab es keine Konflikte.

Dann kam der März und die ersten Sonnenstrahlen! Mein Mann war nicht zuhause und ich legte mich im Bikini zum Sonnen auf den Balkon. Dann kam er heim, sah mich, tat einen Entsetzensschrei und zerrte mich vom Balkon ins Zimmer! Das habe ich gar nicht verstanden.

Nach einer sehr emotionalen Aussprache kam heraus, dass er Todesangst hatte, weil ich mich in die Sonne gelegt hatte! Für ihn ist die Sonne feindlich, tödlich! So war er von Kleinauf erzogen. Und diese Konditionierung hat er bis heute nicht wirklich ablegen können.

Zwar darf ich mich inzwischen auch in seiner Gegenwart sonnen, aber eigentlich hat er dabei immer noch panische Ängste und kann sich nicht entspannen. Es ist nicht die Kleidung – wir gehen auch zusammen ins Hallenbad und da hat er kein Problem. Es ist das unbedeckte sich der Sonne Aussetzen. Erst wenn ich wieder bedeckt und mit Sonnenhut neben ihm sitze oder gehe, fühlt er sich wohl.

So ist die Sonne zum größten Problem in unserer Ehe geworden. Alles Mögliche hätte ich erwartet – aber nicht das.

Diese Geschichte hat sich mir eingeprägt, denn sie macht eindrücklich klar, dass unser Verhältnis zur Sonne kulturbedingt ist und es auch andere Sichtweisen gibt. Möge dieses Buch dazu beitragen, eine weniger traditionelle Haltung gegenüber Sonne und Mond einzunehmen!

Vollmond über dem Cederberg in Südafrika

Einführung

Astrologie ist im Wesenskern eine symbolische Sprache. Alle ihre Elemente – Sonne, Mond, Planeten, Tierkreiszeichen sind komplexe Symbole, die von Astrologinnen und Astrologen nach überkommenen Regeln gedeutet werden. Die Bedeutungen, die mit den Symbolen verbunden werden, sind jedoch gesellschaftlich vermittelt. Sie verändern sich mit der Gesellschaft und den Auffassungen zu den Inhalten der Symbole.

So hat sich die Bedeutung des Begriffs „Familie" über die Jahrhunderte stark verändert: Von der generationenübergreifenden Großfamilie über die Kleinfamilie (Vater+Mutter+Kinder) bis zur Patchworkfamilie, die mehrere Erwachsene und Kinder aus verschiedenen Beziehungen enthalten kann – die Rollenzuweisungen sind dabei beliebig geworden, folgen nicht mehr dem Vater-Mutter-Prinzip.

Seit Ptolemäus (Claudius Ptolemäus * um 100, † nach 160) wurde die Sonne als *männliches* Symbol bezeichnet, der Mond als *weibliches*. Seitdem hat sich die Vorstellung von „männlich" und „weiblich" jedoch stark gewandelt. Immer schwieriger wurde es, Sonne und Mond unter diesen Aspekten zu betrachten, zumal in den letzten Jahren deutlich wurde, dass es mehr als diese beiden Geschlechter gibt. Eine Neudefinition der Bedeutungen von „Sonne" und „Mond" in der Astrologie ist also dringend geboten.

In diesem Buch wird versucht ‚hinter' die alte Symbolik zu blicken und deren traditionelle Inhalte von einer Geschlechtszuweisung zu entkoppeln. Dabei sollen auch sprachlich geschlechtsspezifische Zuweisungen vermieden werden.

Grundlage einer astrologischen Deutung ist in jedem Fall eine Horoskopzeichnung. Dies ist eine stilisierte Karte des Sonnensystems zu einem bestimmten Zeitpunkt und von einem bestimmten Ort auf der Erde aus aufgenommen (s. S. 27f). Die Sonne als Zentralgestirn und der Mond als Erdtrabant spielen darin nicht nur astronomisch die prominenteste Rolle. Astrologisch stellt dieser Zeitpunkt die symbolisch die „Geburt" einer Einzigartigkeit dar: Eines Menschen, eines Staates, einer Idee, eines Vereins, eines Unternehmens ... Nach teilweise jahrtausendealten Regeln ist dann dieses Geschehen zu deuten. Vom lateinischen NATIVITAS für Geburt, ist der Begriff „Nativität" für den dargestellten Moment abgeleitet.

Die Stellungen von Mond und Sonne (und der aus letzterer resultierende Aszendent) bilden quasi das „Gerüst" einer jeden Horoskopdeutung. Sie repräsentieren die aktive und reaktive Seite des Horoskopeigners und damit seine grundsätzliche Ausrichtung in der Welt. Sie symbolisieren das aktive und das reaktive Moment des dargestellten Zeitpunkts. Für ihr Zusammenspiel kann man das Bild zweier Tischtennisspieler nehmen: Sie spielen miteinander. Einer spielt den Angreifer, der andere reagiert. Je besser jeder seine Rolle einnimmt, umso schöner ist das Spiel. Wie jeder Vergleich hinkt dieser an einer Stelle: Sonne und Mond können ihre Rolle nicht wechseln, sie bleiben in ihren Rollen. Die übrigen Planetensymbole arbeiten ihnen quasi zu: Mars liefert die Energie für die Sonne, Venus die Sensitivität für den Mond.

Was die Deutung im einzelnen angesichts der sich schnell ändernden gesellschaftlichen Verhältnisse aussagt, soll hier untersucht werden. Dabei werden sowohl die historischen Wurzeln als auch moderne

Anwendungen dargestellt. Die herangezogenen Prominentenhoroskope dienen der Illustration der jeweiligen Deutungen. Sie sind aber weder als statistischer Hinweis anzusehen, noch können sie für die Gesamtbeschreibung der Nativität verabsolutiert werden: Für eine vollständige Horoskopdeutung müssen immer alle relevanten Faktoren herangezogen und miteinander kombiniert werden.

Usingen, im Frühjahr 2023

Hannelore Goos

Legende

Übersicht der verwendeten Symbole			
Himmelskörper		**Tierkreiszeichen**	
Sonne	☉	Widder	♈
Mond	☽	Stier	♉
Merkur	☿	Zwillinge	♊
Venus	♀	Krebs	♋
Mars	♂	Löwe	♌
Jupiter	♃	Jungfrau	♍
Saturn	♄	Waage	♎
Chiron	⚷	Skorpion	♏
Uranus	♅	Schütze	♐
Neptun	♆	Steinbock	♑
Pluto	♇	Wassermann	♒
		Fische	♓

Am Anfang war der Kalender

Folgt man archäologischen Funden, so haben die Menschen schon kurz nach dem Sesshaftwerden mit der Aufstellung und Benutzung von Kalendern begonnen. Ackerbau und Viehzucht brauchtes offensichtlich eine genauere zeitliche Struktur und Planung als Jagen und Sammeln.

Dabei spielte das Himmelsgewölbe und die sich dort scheinbar ‚zeitlos‘ bewegenden Lichterscheinungen von Anfang an eine zentrale Rolle. Einzelne wurden zu festen Markierungen im Jahresablauf wie der Aufgang des Sirius zur Zeit der Nilüberschwemmung in Ägypten und das Erscheinen der Plejaden für den Beginn der Ernte in Altitalien. Am wichtigsten waren aber Mond und Sonne.

Der Mond war und ist gut sichtbarer Taktgeber für die Zeiteinteilung. Nicht umsonst stammt das Wort „Kalender“ vom lateinischen Begriff KALENDAE, das den Beginn des (Mond-)Monats mit dem ersten Erscheinen der Mondsichel nach Neumond bezeichnete.

Die Gliederung des Jahresablaufs in Monde war eine allgemein zugängliche Form der Zeiteinteilung, denn Zuname und Abnahme dieses Himmelkörpers, Vollmond und Neumond können von jedermann beobachtet werden. Es ist auch kein Beobachtungsposten notwendig, der jeden Morgen den sehr langsam wandernden Punkt des Sonnenaufgangs beobachtet (und dadurch für die Feldarbeit ausfällt). Man braucht für die Feststellung der Mondphase keine Landmarken, keine besonderen Hilfsmittel und keine Observatorien. Obwohl die Mondwechsel für unsere heutige Zeiteinteilung keine Bedeutung mehr haben, sind Vollmond und Neumond noch immer in vielen Kalendarien verzeichnet.

Leider hat die Zeiteinteilung nach dem Mond einen Nachteil: Sie stimmt nicht mit der Jahreslänge überein, die durch den Umlauf der Erde um die Sonne bestimmt ist. Der Kalender musste darauf angepasst werden. Mit der Entstehung größerer sozialer Gemeinschaften wurden jährlich wiederkehrende Ereignisse wie Gerichtstage, Feste und Märkte wichtiger. Die Festsetzung der jeweiligen Tage im Jahresablauf brachte die Ausrichtung des Kalenders nach dem Sonnenjahr. Mit der Ausbildung von Herrschaftsstrukturen kamen Steuertermine und Heerschauen als weiterer Bedarf nach gesicherten Daten hinzu.

Dafür waren aber aufwändigere Vorkehrungen notwendig.

Die Beobachtung der Sonne erfordert Vorrichtungen, an denen man ihren täglichen Fortschritt messen kann. Wichtig war, den genauen Tag der Sonnenwenden festzustellen, denn durch sie wurde die Jahreseinteilung quasi automatisch bestimmt.

In gebirgigen Gegenden konnte man sich eine Bergspitze suchen, um mit ihrer Hilfe einen der Wendepunkte zu bestimmen. Die dabei zu beobachtenden Erscheinungen sind noch heute zu sehen:

Das Wort „Monat“ hat sprachlich einen direkten Zusammenhang mit dem Mond:

„Monat m. ‘Umlaufzeit des Mondes um die Erde, zwölfter Teil eines Jahres’, ahd. mānōd (8. Jh.), mhd. mānōt, mēnōt, (mit zu o verdumpftem a vor n) mhd. mōnōt, nhd. Monat, asächs. mānuð, mnd. mānt, mnl. mānet, maent, nl. maand, aengl. mōnaþ, engl. month, anord. mānaðr, schwed. månad, got. mēnōþs (germ. *mēnōþ-) führt wie auch lit. mėnuo ‘Mond, Monat’ auf idg. *mēnōt- ‘Monat, Mond’ und kann mit den unter Mond (s. d.) genannten Formen an die Wurzel idg. *mē- ‘messen’ angeschlossen werden.“

(OpenThesaurus)

Die Erde umrundet in 365,2422 Tagen die Sonne.

Nach der Zählweise des Mondkalenders fehlen elf Tage (und zwölf Nächte) zum astronomisch korrekten Sonnenumlauf.

3

Noch heute gibt es den Ausdruck „zwischen den Jahren" für die früher üblichen Ausgleichstage (s.u.).
Mundartlich sind weitere Bezeichnungen üblich:

Friesland:
twasche ujl en nai

Schleswig:
twische de dage

Dänemark:
juletylvten

Schweden:
mellandagarna

Norwegen:
romjul

England:
twelve nights

Böhmen/Vogtland:
Unter-, Inter- oder Zwischennächte

(Zeitschrift für Österreichische Volkskunde)

Ein pyramidenförmiger Schatten erscheint am Morgen der Wintersonnenwende über dem heiligen Berg Tindaya

Wenn die Orientierung an natürlichen Gegebenheiten nicht ausreichte, wurde nachgeholfen, wie der am 5. Januar 2017 vorgestellte „Kalenderfelsen" auf Sizilien mit dem künstlich hergestellten Loch beweist.

Der Kalenderfelsen und seine Entdecker

Sonnenaufgang zur Wintersonnenwende

Legende zum Panoramabild auf der nächsten Seite

1 Sonnenuntergang Wintersonnenwende

2 Westen

3 Sonnenuntergang Sommersonnenwende

4 Norden

5 Sonnenaufgang Sommersonnenwende

6 Osten

7 Sonnenaufgang Wintersonnenwende

8 Süden

Dort, wo es keine Berge gab, half man sich mit „Markern", Kreise aus Holzpalisaden oder aufrecht gestellten Steinen, die als primitive Observatorien in der Ebene angelegt wurden. Öffnungen in den Kreisen markierten den Sonnenstand an den Wendepunkten.

Als Beispiel für eine solche hölzernen Anlage wurde die Kreisgrabenanlage von Goseck in Sachsen-Anhalt rekonstruiert.

Auch Setzungen von Steinen wurden zur Kalenderbestimmung verwendet, einige befinden sich im Norden Deutschlands, eine der größten ist der sogenannte „Boitiner Steintanz", eine Anlage aus vier Steinkreisen.

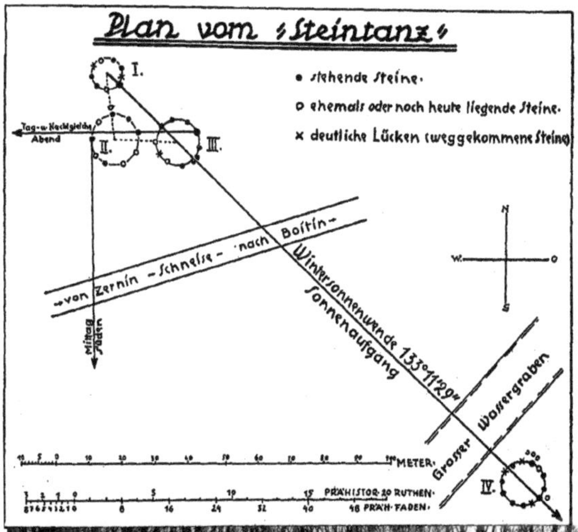

Plan vom ↯Steintanz↯

I.

II. III.

• stehende Steine.

○ ehemals oder noch heute liegende Steine.

× deutliche Lücken (weggekommene Steine)

Tag- u. Nachtgleiche Abend

von Zernin – Schnelle – nach Boitin

Wintersonnenwende 135° 129°

Sonnenaufgang

Mittag

N

W. — O

Grosser Wassergraben

IV.

METER.

PRÄHISTOR 30 RUTHEN.

16 PRÄH FADEN.

Links:
Werner Timm:
Mecklenburgs
„Steintanz" (1928)

Unten:
Heutige Ansicht von
Kreis I
und Sage rechts
entnommen von
www.Grosssteingraeber.de

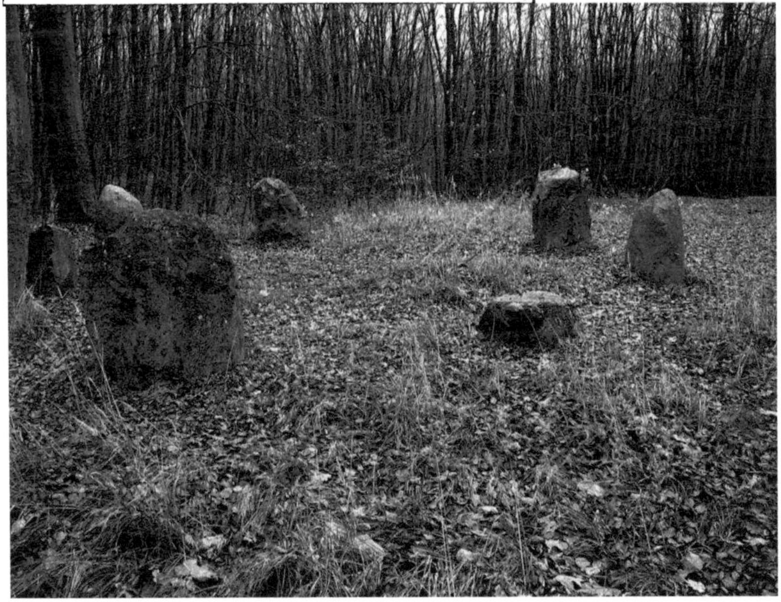

Sage: Wie die Steinkreise entstanden sind:

Vor langer Zeit fand in Dreetz eine große Bauernhochzeit statt. Es ging hoch her dabei und einige Gäste kamen voller Übermut auf die Idee mit Broten, Kuchen und Würsten zu kegeln. Da erschien plötzlich ein Geist in Gestalt eines alten Mannes und forderte den Frevel zu beenden. Die Bauern verspotteten ihn und hörten nicht auf. Zur Strafe wurden darauf hin alle Festteilnehmer in Steine verwandelt (Großer Steintanz), sogar der Brautschatz, die Brautlade, versteinerte.

Ein Schäfer hütete in der Nähe mit seinem Hund eine Schafherde. Von dem Geist aufgefordert sofort mit seinen Schafen zu entfliehen und dabei nicht zurück zu sehen, machte er sich davon, konnte er seine Neugier doch nicht bezähmen und schaute zwischen den Beinen hindurch zum Festplatz. Da wurden er, sein Hund und die Schafe auch zu Steinen (Kleiner Steintanz).

5

Das berühmteste neolithische Observatorium ist Stonehenge in England. Nach der 2. Silbe seines Namens werden Anlagen zur Feststellung des Sonnenlaufs „Henge" genannt.

Das Straßengitter von New York ist nicht ganz genau in Ost-West-Richtung angelegt, deshalb tritt das Phänomen jeweils ungefähr drei Wochen vor und nach den Sonnenwenden auf.

Ganz perfekt wollte es die Architektengruppe machen, die die künstlich geplante Stadt Milton Keynes in Großbritannien in den 60er Jahren des 20. Jahrhunderts entwarfen. Die Planer informierten sich z. B. in Stonehenge und konsultierten sogar die Sternwarte, das Royal Greenwich Observatory, um eine gradgenaue Ausrichtung des Straßenrasters zu erreichen.

(The Guardian)

In der Großstadt New York begeistert der Sonnenuntergang in gerade Linie zu den rechteckig angelegten Straßenfluchten an bestimmten Tagen des Jahres, ca. 3 Wochen vor und nach den Sonnenwenden. Die Erscheinung wurde vom Astrophysiker Neil deGrasse Tyson „Manhattenhenge" genannt, als er im Jahr 2002 einen Artikel darüber in der Fachzeitschrift Natural History veröffentlichte. Inzwischen hat ihre Beobachtung Volksfestcharakter.

Manhattenhenge am 3.6.2008 in der 42. Straße in New York

Aus dem Vorangehenden wird deutlich, dass Sonnenbeobachtung zur Kalendererstellung einerseits eine gesellschaftliche Notwendigkeit gewesen sein muss, andererseits mit einem erheblichen Aufwand verbunden war, der nur von größeren organisierten Gruppen bewältigt werden konnte. Bauten, Steinsetzungen, ständige Beobachtungsposten, das alles erforderte ein strukturiertes Gemeinwesen, das die hierfür nötigen Betriebsmittel bereitstellte. Obwohl die diesbezüglichen archäologischen Funde in Europa bis in die Jungsteinzeit zurückgehen, ist über die dort gewonnenen Erkenntnisse nichts bekannt, denn die Erbauer der Anlagen haben keine schriftlichen Zeugnisse hinterlassen. Auch so großartige Artefakte wie die Sonnenwägen und die Himmelsscheibe von Nebra sind auf mehr oder weniger phantasievolle Spekulationen angewiesen.

Anders war es in Mesopotamien, im Zweistromland der Sumerer, Akkader und Babylonier. Dort wurde vor über 5000 Jahren die Keilschrift erfunden, in Ton geritzt erhielten sich viel Schriftstücke bis heute. Anhand der gefundenen Texte kann man die Entwicklung des Kalenders nachvollziehen. Er orientierte sich am Auf- und Untergang von Gestirnen; Sonne, Mond und Venus waren dabei die wichtigsten. Sie waren Botschafter der Göttertriade Utu, Nanna und Inanna.

Die Sumerer waren es auch, die bei der Beobachtung des täglichen Sonnenaufgangs entdeckten, dass im Jahresverlauf immer wieder dieselben Gruppen von Sternen den Hintergrund des Spektakels bildeten und diese zu „Bildern" zusammendachten. Elf Bilder von Tieren meinten sie zunächst zu erkennen, aus den Scheren des Skorpions wurde später das Bild der Waage, und so kam es zu den 12 Sternbildern, von denen der Tierkreis abgeleitet ist. Ohne die für die Kalendererstellung nötige Sonnenbeobachtung wären sie wohl in dieser Form kaum definiert worden. Die Geburt der Astrologie kann hier angenommen werden, denn sie beruhte damals auf der Feststellung der Planetenpositionen in den Sternbildern des Tierkreises.

Auch die Römer betrachteten eine exakte Zeiteinteilung als wesentlichen Schritt zur Zivilisation; bereits Numa Pompilius, dem zweiten ihrer mythischen Könige, schrieben sie die Aufstellung eines Kalenders mit 12 Monaten zu. Damit begann die Entwicklung von der unstrukturierten Ansammlung dörflicher Siedlungen und einer Asylantenfreistatt zu der geordneten Stadt Rom. Dieser Kalender ist seitdem vielmals geändert worden, nicht zuletzt durch Julius Caesar (Julianischer Kalender) und Papst Gregor XIII. (unser heutiger gregorianischer Kalender). Aber bis auf Juli und August verwenden wir noch immer seine Monatsnamen. Auch wenn Karl der Große zwischenzeitlich versuchte, althochdeutsche Monatsbezeichnungen einzuführen, die sich landschaftlich durchaus einige Jahrhunderte hielten, haben sich die römischen am Ende dauerhaft in der westlichen Welt durchgesetzt.

Es handelte sich bei dem altrömischen wie auch bei germanischen um sogenannte Lunisolarkalender: Man orientierte sich am Mond und nach drei

Vorchristliche Kalender im germanischen Sprachraum sind erst ab der Wikingerzeit (8. Jhd.) bekannt. Die sog. Runenkalender stammen aus dem Mittelalter (13. Jhd.). Es handelt sich hierbei um hölzerne Stäbe mit eingeritzten Runen des jüngeren Futhark, die hauptsächlich in Schweden in Gebrauch waren.

Für die Beobachtung von Auf- und Untergängen der Gestirne war eine genaue Zeitangabe unerlässlich. Die Sumerer entwickelten dazu u.a. die Sonnenuhr in Form eines Stabes, der in der Mitte eines mit Keilschrift beschrifteten Zifferblattes steckte.

Nach einer Sage wurde Rom im Jahr 753 v. Chr. gegründet; es folgten die sieben "mythischen" Könige:

Romulus mit Titus Tatius

Numa Pompilius

Tullus Hostilius

Ancus Marcius

Lucius Tarquinius Priscus

Servius Tullius

Lucius Tarq. Superbus

Im Jahr 510 v. Chr. soll der letzte abgesetzt und die Republik eingeführt worden sein.

Jahren gab es einen zusätzlichen Schaltmonat, bei den Römern am Ende des Jahres einen zweiten Februar, bei den Germanen im Sommer.

Dies änderte sich im Jahr 46 v. Chr., als der Julianische Kalender in Kraft trat. Er war auf Anordnung von Julius Caesar von einem Ausschuss, der größtenteils aus nicht-römischen Fachleuten bestand und von Sosigenes aus Alexandria geleitet wurde, erarbeitet worden war.

Sosigenes aus Alexandria (altgriechisch Σωσιγένης ὁ Ἀλεξανδρεύς Sōsigénēs ho Alexandréus) war ein späthellenistischer Astronom des 1. Jahrhunderts v. Chr. Er hat auch Caesars Schrift DE ASTRIS, aus der nur noch Fragmente über Witterungszeichen bekannt sind, beeinflusst. Der Mondkrater Sosigenes ist nach ihm benannt.

Der nun neue, „Julianische" Kalender wurde über unterschiedliche Monatslängen und einen 29. Februar alle vier Jahre vollständig an das Sonnenjahr von 365 1/4 Tagen angepasst. Die Mondphasen spielten keine Rolle mehr.

Das nach dem Julianischen Kalender berechnete Jahr war jedoch elf Minuten länger als die tatsächliche Umlaufzeit der Erde um die Sonne. So ergab sich nach ungefähr 130 Jahren bereits eine Abweichung von einem Tag. Dies drückte sich dadurch aus, dass die Frühlingstagundnachtgleiche, nach der der Termin des Osterfestes berechnet wurde, immer früher stattfand. Das christliche Fest ließ sich nicht mehr mit Sicherheit datieren. Deshalb war es ein Kirchenmann, Papst Gregor XIII., der dies 1582 korrigieren ließ mit der Einführung des bei uns bis heute gültigen Gregorianischen Kalenders. Dieser ist jedoch gar nicht anders als der Julianische, lediglich das Weglassen des Schalttages in bestimmten Jahren wurde ergänzt. Dadurch pendelt der Frühlingsanfang wieder um den 21. März und Ostern ließ sich richtig berechnen. Nach christlicher Übereinkunft findet Ostern am ersten Sonntag nach dem ersten Vollmond im Frühling statt, das Gedenken an die Kreuzigung Jesu am Freitag davor.

Die für die Berechnung des Ostertermins notwendigen Beobachtungen der Bewegungen von Sonne und Mond waren verschränkt mit denjenigen, die zur Entdeckung der Astrologie führten. Die enge Verzahnung machte es möglich, dass sich im Hochmittelalter kirchliche Gelehrte wie Roger von Hereford ganz offiziell mit Astrologie befassten, diese auch lehrten und wahrscheinlich sogar nach Spanien zu arabischen Astrologen reisten, um weitere astrologische Erkenntnisse zu sammeln.

In der Horoskopdeutung gelten Sonne und Mond, die Lichter am Himmel, als die wichtigsten astrologischen Faktoren. Ihre hier kurz umrissene Bedeutung für die Entwicklung von Kalendern in den antiken Hochkulturen unterstreicht dies.

Sonne und Mond in den Religionen

In vielen nichtchristlichen Religionen soll es Sonnen- und Mondgottheiten gegeben haben und, soweit es außereuropäische Kulturen betrifft, immer noch geben. Hier eine kleine Auswahl:

Sonne:
- Huitzilopochtli und Nanahuatzin (aztekisch)
- Jóhonaa'éí und Kisosen (indianisch)
- Anyanwu und Magec (afrikanisch)
- Guaraci und Meri (brasilianisch)
- Doumu und Xihe (chinesisch)
- …

Mond:
- Ja, Khonsu und Thot (ägyptisch)
- Artemis und Selene (griechisch)
- Arianrhod (walisisch) und Elatha (irisch)
- Ratih und Silewe Nazarate (indonesisch)
- Chandra und Soma (indisch)
- …

Was macht ein Gestirn zu einer Gottheit? Die Begriffe „Sonnengott" und „Mondgott" werden sogar in wissenschaftlicher Literatur ohne weitere Inhaltsbestimmung gebraucht. Ist ein Mondgott identisch mit dem Himmelskörper, ist es also der Erdtrabant, der göttliche Eigenschaften hat – und welche sind das? Dieselbe Frage kann man sich auch zu der Bezeichnung „Sonnengott" stellen. Dahinter steht das Problem einer Definition, was unter einem Gott oder einer Göttin zu verstehen ist.

Was sind Gottheiten

Für die Menschen in vorchristlichen Kulturen war ein Gott oder eine Göttin ein übernatürliches Wesen, das in irgendeiner Form mit dem Wohl und Wehe der Menschen zu tun hatte. Die frühen Christen und Kirchenväter leugneten ihre Existenz nicht, ordneten sie aber in die (griechische) Klasser der Daimones (δαίμων) ein, unsichtbaren Geschöpfen, die zwischen Göttern und Menschen vermittelten. Die zunächst neutrale Klassifizierung verschob sich immer weiter ins Negative, bis im Mittelalter die absolut bösen *Dämonen* daraus wurden.

Luther setzte bei seiner Bibelübersetzung das Wort „Götze" dort ein, wo von heidnischen Göttern die Rede war, vermutlich zu seiner Zeit ein Schimpfwort mit der Bedeutung „Dummkopf, Schwächling". Als abwertende Bezeichnung für das Gegenüber einer Abhängigkeit ist es noch immer im Gebrauch.

Jörg Rüpke: Unter welchen Bedingungen ist es in einer Kommunikationssituation plausibel/erfolgversprechend, „das Göttliche" (das immer schwer fasslich ist) zu identifizieren und zu visualisieren mit Objekten der realen Welt, die zwar sichtbar (und in ihren Licht- und Wärmewirkungen fühlbar), aber nicht berührbar sind. Das meine ich mit „Plausibilität", die keine Qualität der Adressaten religiösen Handelns, sondern der Kommunikation mit und über sie ist.

Götze

Abgott – falscher Gott – Götze (abwertend) – Götzenbild (abwertend) – Idol

Bedeutungen:
1. heidnischer Gott (aus der Sicht der monotheistischen Religionen); falscher Gott (abwertend)
2. Bild eines solchen Gottes; Gegenstand, der angebetet wird

OpenThesaurus

Notwendig ist in diesem Zusammenhang die Differenzierung zwischen dem monotheistischen Gott der abrahamitischen und den vielen Gottheiten der polytheistischen Religionen, in denen die Astrologie entstanden ist, und deren Namen in Planetenbezeichnungen noch lebendig ist. Über letztere gibt es heutzutage verschiedene Vorstellungen:

- Gottheiten werden als **Archetypen** interpretiert, geistige Formen, die zu einer Art Urwissen jedes Menschen gehören und auf der ganzen Welt gleich sind. Anfang des 20. Jahrhunderts wurde dieser Begriff psychologisch neu definiert als eine Art angeborener universeller Blaupausen für Imaginationsmuster, die im kollektiven Unbewussten angesiedelt sind. Das schließt die Vorstellung ein, dass Gottheiten geistige Muster widerspiegeln, die allen Menschen gemein ist. Lebendig werden sie durch Projektion der menschlichen Erfahrung.
- Götter und Göttinnen werden als Personifikationen von natürlichen Erscheinungen verstanden, wie die verschiedenen Arten von Winden, Wasser in seiner unterschiedlichen Form, Wälder, Hügel, Berge und was man sich sonst noch als „belebt" vorstellen kann. Aber auch Gefühle wie Liebe, Handlungsweisen wie Mut, Gewalttätigkeit oder Milde können jeweils mit eigenen Charakteristiken als Gottheiten betrachtet werden. Daraus ergibt sich eine riesige Menge von personalisierten ‚Objekten'. Dahinter steht die Idee, dass Gottheiten Wahrnehmungen des menschlichen Gehirns sind, die auf diese Weise verallgemeinert werden. Durch die Weitergabe der Benennungen von Generation zu Generation entsteht eine dauerhafte Religion. Die äußerliche Gleichheit von Göttern aus verschiedenen Pantheons ergibt sich daraus, dass sie nur als unterschiedliche Namen für das jeweils gleiche Phänomen angesehen werden.
- Götter werden als Ansammlungen von Energien interpretiert, die gezielt ‚angezapft' werden können, um für eine Aufgabe Kraft oder Ideen zur Lösung eines Problems zu erhalten. Hier sind die Angerufenen nur Namen für neutrale Kräfte; Götter haben keine Persönlichkeit, kein Bewusstsein und keinen Willen – ein Austausch von Mensch zu Gott und umgekehrt ist nicht möglich.

  Bei dieser Betrachtungsweise existieren die Gottheiten außerhalb des menschlichen Geistes, sie existierten auch dann, wenn es keine Menschen gäbe.
- In der Perspektive eines anderen Ansatzes werden Götter und Göttinnen als real existierende (astrale?) Wesen mit eigenem

Bewusstsein und eigenem Willen, mit eigenen spezifischen Kräften und eigenen Kompetenzen angesehen, die in einer anderen Wirklichkeitsebene existieren, zu der es an bestimmten Stellen (Tempel, Kraftorte) Überschneidungen zur menschlichen materiellen Erde gibt.

Da ihre Formen, Kräfte und Denkweisen völlig außerhalb des menschlichen Begreifens liegen, werden sie nach dem Wissen und den Grenzen des menschlichen Geistes interpretiert. Verhaltensweisen, Kräfte, individuelle Fähigkeiten, Bedürfnisse, Wünsche, Unzulänglichkeiten, Ethik und Geschichten von Gottheiten, die aus den Mythologien bekannt sind und auf denen zeitgenössische menschliche Kulturen basieren, beschreiben Versuche der Menschheit, die von ihnen verehrten Gottheiten zu verstehen. Götter und Göttinnen kommunizieren mit den Menschen durch Naturerscheinungen im weitesten Sinne, durch Visionen, Träume und Formen außersinnlicher Wahrnehmung.

Seit ca. der Mitte des 20. Jahd. gibt es Gruppen, die sich zur keltischen oder germanischen Götterwelt anhängen und sich als „Neuheidentum" verstehen. Dabei verehrt jede(r) Einzelne die Gottheiten zu denen man sich am Stärksten hingezogen fühlt.

In Teilen der Hexenbewegung, „Wicca" genannt, werden auch mehrere Gottheiten verehrt, aber über Pantheons hinweg reduzieren die vielen Gottheiten letztendlich zu einer Göttin und einem Gott (dualistisch).

In den modernen Formen des Polytheismus, wie sie im Neuheidentum praktiziert werden, ist der als letztes beschriebene Ansatz eine allgemein akzeptierte und am häufigsten verwendete Definition.

Religionen, die in irgendeiner Form Sterne oder Gestirne in ihr Glaubessystem einbeziehen, werden oft mit dem Sammelbegriff „Astrale Religionen" bezeichnet. In welcher Form Himmelskörper dabei in den Glauben einbezogen sind, ist sehr unterschiedlich. Hier folgt ein kurzer Überblick der unterschiedlichen Verehrungsformen von Sonne und Mond:

Mittel- und Nordeuropa in der Bronzezeit

Wie bereits im Kalenderkapitel berichtet, sind die archäologischen Funde in diesen Gebieten älter als die schriftlichen Zeugnisse. Die Artefakte liefern zwar Indizien für eine Verehrung von Sonne und Mond, wie diese aber tatsächlich ausgesehen hat, ist Gegenstand von Spekulationen.

Das älteste Objekt in diesem Zusammenhang ist die sogenannte „Himmelscheibe von Nebra", eine runde Bronzescheibe von 32 cm Durchmesser. Nach der Radiokohlenstoffdatierung eines Holzstücks aus dem Beifund soll sie mindestens aus der Zeit um 1600 bis 1560 v. Chr. stammen, auch ein Alter von 3600–4100 Jahren wird auf einigen Internet-Seiten genannt. Jedenfalls liegt ihr Ursprung in der frühen Bronzezeit.

Sie zeigt den Mond auf dem Hintergrund des Sternenhimmels, und zwar als (zunehmende) Mondsichel und einen runden Himmelskörper, Sonne oder Vollmond. Eine gründliche Untersuchung förderte zutage, dass sie mehrmals bearbeitet wurde:

Die Himmelsscheibe von Nebra gehört zu einem Bronzeschatz, den Sondengänger im Sommer 1999 auf dem Mittelberg nahe der Kuppe illegal ausgewählt hatten.

Der Fund wurde verkauft und gelangte in den folgenden Jahren in die Hände verschiedener Hehler und Händler. Im Februar 2002 stellte die Basler Polizei ... den Fund sicher. Die Originale gehören seitdem zur Schatzkammer des Landesmuseums für Vorgeschichte in Halle. Seit dem 23. Mai 2008 ist die Himmelsscheibe in der Dauerausstellung des anhaltinischen Landesmuseums für Vorgeschichte Halle (Saale) zu sehen.

Hier die Entstehungsgeschichte in Bildern von Rainer Zenz:

Erster Zustand:
Links der Vollmond,
rechts der zunehmende Mond,
oberhalb dazwischen die Plejaden
(alle Darstellungen vereinfacht)

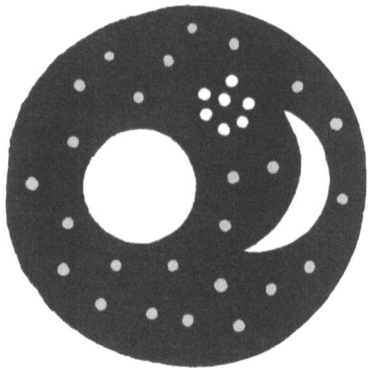

Es gibt eine Menge Spekulationen rund um die Himmelsscheibe; wer sie schuf, welchem Zweck sie diente und wie sie verwendet wurde, ist nicht bekannt.

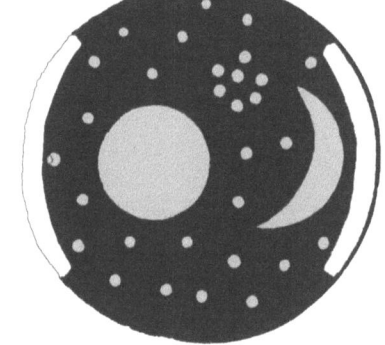

Zweiter Zustand:
Ergänzung um die Horizontbogen für Sonnenauf- und untergang. Einzelne Sterne wurden versetzt bzw. überdeckt.

Auch das Alter des Artefakts ist wissenschaftlich heftig umstritten. Da das verwendete Metall praktisch keinen Kohlenstoff mehr enthält, ist die übliche Radiokarbonmethode nicht anwendbar.

Die rechts abgebildeten Zustände lassen auf eine längere Nutzungszeit schließen. Bis zur Herstellung des endgültigen heutigen Zustands dürften dabei viele Jahre vergangen sein.

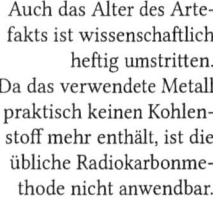

Dritter Zustand:
Ergänzung um die Sonnenbarke.

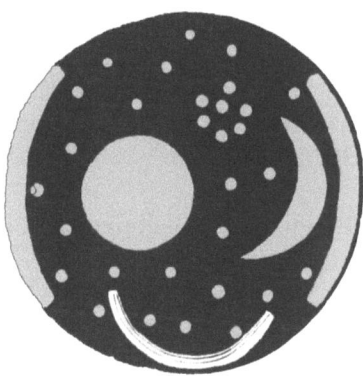

Heutiger Zustand:
Die Einkerbung oben links und die Beschädigung des Vollmondes wurden durch die Ausgräber verursacht.

Als weitere wichtige archäologische Funde im Zusammenhang mit einem Sonnenkult im Nordeuropa der Bronzezeit gilt der „Sonnenwagen von Trundholm".

Sonnenwagen von Trundholm
Nationalmuseet Danmark

Eine Seite der scheinbar von einem Pferd gezogenen Scheibe ist polierte Bronze, die andere mit punziertem Goldblech belegt. Bereits hier gibt es Differenzen in der Deutung: Einmal werden die beiden Seiten als Sonne und Mond, in einer anderen Auffassung als Tag- und Nachtseite der Sonne angesehen. Auch über die Muster auf der Goldseite streiten Wissenschaftler; die Interpretation geht von einem stilisierten Kalender, sogar mit Berechnung der Mondfinsternisse bis zu bloßer Ornamentik.

Dieses 1902 in Dänemark gefundene Artefakt gilt oft als Beweis einer Sonnenverehrung: Eine runde Scheibe wird von einem Pferd gezogen. Die Verbindung zwischen der hinteren Achse und der Scheibe fehlt allerdings, so dass eigentlich nicht von einem „Wagen" gesprochen werden kann. Das Ganze wurde einige Jahrhunderte später gefertigt als die Himmelsscheibe von Nebra, das dänische Nationalmuseum datiert die Entstehungszeit auf ungefähr 1400 v. Chr..

Was der Wagen tatsächlich bedeutet und wie er im Ritus gebraucht wurde, kann bei fehlenden schriftlichen Zeugnissen aber nur vermutet werden.

Das gilt auch für die verschiedenen Darstellungen, in denen die Sonne auf Schiffen zu sehen ist.

Der Mond kommt in diesen Darstellungen nicht vor.

Eine „Vogelsonnenbarke" auf einem Metallgefäß, Parchim

Eine „Vogelsonnenbarke", Felsgravur, Bohuslän, Schweden

„Vogelsonnenbarke", ebenfalls Felsgravur, Schweden

Fotos: Institut für Prähistorische Archäologie der Freien Universität Berlin

Es sind nur Vermutungen, die aufgrund dieser beiden Funde behaupten lassen, in Nordeuropa habe es zur Bronzezeit eine Sonnen- und/oder Mondreligion gegeben. Sicher ist, dass die beiden Himmelkörper beobachtet wurden. Ob dies tatsächlich hauptsächlich zu Kalenderzwecken oder auch im Rahmen eines Kults stattfand, lässt sich nicht sagen.

Ein Indiz für die religiöse Bedeutung des Sonnenwagens ist der Umstand, dass Wagenfahrten von Gottheiten in vielen Religionen vorkommen. Bekannt ist die von Tacitus geschilderte jährliche Nerthus-Prozession. Leo Frobenius hat auf seiner Indienreise 1929 in fast jeder Ortschaft Götterwagen gefunden.

Mesopotamien und Mittelmeerraum in der Antike

So vielfältig die Kulturen im Lauf der bekannten Geschichte sich darstellten, so vielfältig ist auch ihr Verhältnis zu Sonne und Mond. Mit der Entdeckung von Jan Ingenhousz (1730–1799), dass für die Fotosynthese (Sonnen-)Licht nötig ist, wurde naturwissenschaftlich die Bedeutung der Sonne für das Leben auf der Erde in den Mittelpunkt der Sonnenbetrachtung gerückt.

Einfacher gestaltet sich die Suche nach einer göttlichen Verehrung von Sonne und Mond in den Kulturen, die schriftliche Zeugnisse hinterlassen haben. Aus den überlieferten Mythologien kann man für den jeweiligen „Sonnengott" folgende Umschreibungen ermitteln:

- Die Sonne ist der **Botschafter** des Sonnengottes. Durch Beobachtung des Gestirns kann man den Willen des Gottes erfahren. Diese Auffassung ist die älteste schriftlich dokumentierte Form und stammt von den Sumerern.
- Die Gottheit der Sonne ist ihr **Beweger**. Dies gilt sowohl für den ägyptischen Ré mit der Sonnenbarke, den griechischen Helios mit dem Sonnenwagen und die germanische Sunna.
- Nach Thomas Schäfer stellt die Sonne bei den San (Buschmännern) im südlichen Afrika das **Auge** ihres höchsten Gottes dar. Ähnliche Vorstellungen gab es auch im Mithras-Kult. Die Darstellung eines „magischen Auges" mit einem Strahlenkranz lässt darauf schließen, dass diese Vorstellung in vielen Kulturen zu finden ist.

    Das „magische Auge" ist bis heute ein wichtiges Symbol der Freimaurer.

- Den **Himmelskörper selbst als Gott** zu sehen, lag dem Aton-Kult im Ägypten des 14. vorchristlichen Jahrhunderts zugrunde.
- Die **höchste verehrte Gottheit** wird symbolisch als Sonne bezeichnet, wie in der römischen Religion und auch im Christentum bis heute. Ein aktuelles Kirchenlied dazu:

    Sonne der Gerechtigkeit,
    gehe auf zu unsrer Zeit;
    brich in deiner Kirche an,
    daß die Welt es sehen kann.
    Erbarm Dich, Herr!

    Christian David (1692–1751), C. G. Barth, C. Nehring

Sonnengott
Sumerisch: Utu
Akkadisch: Shamash
Babylonisch: Schamasch

Schwieriger wird es, wenn es um die Verehrung des Mondes geht. Waren es doch bei den Sumerern zwei Gottheiten, Nanna und Ningal, ein Ehepaar und Eltern des Sonnengottes Utu. Hier, wie auch in den im Zeitablauf folgenden akkadischen, babylonischen und syrisch-palästinensischen Pantheons, steht der Mond als Herrscher oder Erzeuger über der Sonne.

In Ägypten wurden verschiedene „Träger" des Mondes verehrt. Drei davon sind rechts abgebildet. Die höchste Gottheit in der ägyptischen Religion war der jeweilige Sonnengott, der Mond spielte eine untergeordnete Rolle.

Drei Mondgötter aus Ägypten:

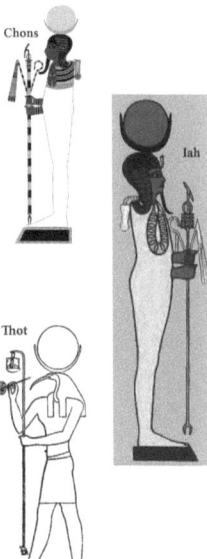

Ägyptischer Hausaltar:
Echnaton, Nofretete und drei ihrer Töchter in den Strahlen der Sonne

In der altgriechischen Mythologie und Literatur kommt zwar eine Mondgöttin Selene vor, von einem Kult weiß man jedoch nichts. Sie soll als Gegenpart zu Helios den Mondwagen über das Firmament gesteuert haben. Ein Kultplatz ist nicht bekannt.

Noch größere Schwierigkeiten hatten die Römer bei der Einordnung einer Mondgöttin. Da die Verehrung von physischen Körpern in ihrer Religion nicht existierte, wählten die Dichter des 3. vorchristlichen Jahrhunderts eine altitalische Fruchtbarkeitsgöttin, Luna, zum Pendant der griechischen Selene, als sie die griechische Mythologie und Literatur übertrugen. Der Grund dafür war die Namensgleichheit der alt-latinischen Göttin mit einem Wort für Mond im damals aktuellen Latein (die andere Bezeichnung war NOCTILUCA). Ob die alte Göttin überhaupt etwas mit dem Mond zu tun hatte, ist zweifelhaft. In der Folge wurde ihre Gestalt jedoch literarisch ausgemalt.

Besonders durch den Einfluss des Mithraskults wurde LUNA schließlich zur „Herrin" eines Wochentags, DIES LUNAE – übersetzt „Mondtag".

Obwohl der römische Kalender ursprünglich nach dem Mond ausgerichtet war, heißt ‚Monat‘ lateinisch MENSIS. Das Wort ist deutlich nicht nicht von LUNA abgeleitet. Die Bezeichnung ‚Menstruation‘ stammt aus der gleichen Sprachwurzel, Doch im klassischen Latein gab es MENSTRUATIO: ‚Monatszyklus‘ noch nicht, nur MENSTRUUS ‚monatlich, einen Monat dauernd, auf einen Monat berechnet‘.

Sonntag und Mondtag blieben im Deutschen und Englischen seit dieser Namensgebung von Julius Caesar bei ihren Bezeichnungen „Sonnentag" und „Mondtag", während alle anderen Wochentage länderspezifisch angepasst wurden.

Die Verehrung von Sonne und Mond bei den Germanen

Die ersten schriftlichen Hinweise auf eine Verehrung von Sonne und Mond findet man in DE BELLO GALLICO von Julius Caesar. Im 6. Buch schreibt er über die Germanen:

> Sie haben nur solche Gottheiten, die man sieht und von denen man augenscheinliche Vorteile hat, (zum Beispiel) die Sonne, das Feuer und den Mond."

(Übersetzung Stefan Jacob).

Diese Beschreibung sollte aber nicht als Information betrachtet werden, sondern als Klassifikation: Indirekt will Caesar damit die Menschen, die er Germanen nennt, als Primitive einstufen, die physische Körper als Gottheiten anbeteten, was in der römischen Religion undenkbar war. Es ist noch nicht einmal klar, die Angehörige welches Volkes der Römer hier meint.

Der in der Zeitfolge nächste Hinweis kommt von dem englischen Mönch, Historiker und Autor Beda, 672/673–735, (BEDA VENERABILIS, Beda der Ehrwürdige, Sankt Beda). In einem Text aus den „Angelsächsischen Bußbüchern", der ihm zugeschrieben wird, heißt es:

> Es ist in der Tat keinem christlichen Mann erlaubt, nutzloses Weissagen zu praktizieren, wie es heidnische Menschen zu tun pflegen. Damit ist gemeint, dass sie glauben, nach der Sonne und dem Mond und dem Lauf der Sterne Vorzeichen bezüglich der Zeit benutzen zu können, um den Anfang ihrer Veranstaltungen zu bestimmen.

Zitiert nach GardenStone: Ostara, S. 17

Auch wenn dieses Zitat regelmäßig als Beleg für die möglichen Götter der Germanen genannt wird, lässt die Formulierung eher auf astrologische Praktiken schließen, weniger auf eine Verehrung von Sonne und Mond als Gottheiten.

Tatsächlich erstmals genannt wird eine Göttin „Sunna" (Sonne) in den sogenannten „Merseburger Zaubersprüchen" aus dem 9. oder 10. Jahrhundert. Diese althochdeutschen Sprachdokumente erhielten ihren Namen nach dem Fundort, der Bibliothek des Domstifts Merseburg. Entdeckt wurden die Zeilen erst im Jahre 1841 von dem in der Wissenschaft weithin bekannten Historiker Georg Waitz, der sie dem Germanisten Jakob Grimm für seine

Antrittsvorlesung bei der Berliner Akademie der Wissenschaften als Thema zur Verfügung stellte.

Es handelt sich um zwei Verse, die zwar möglicherweise aus der gleichen Quelle stammen, aber inhaltlich nichts miteinander zu tun haben. Im zweiten geht es um die Heilung eines lahmenden Pferdes. Er lautet:

Originaltext	Übersetzung ins Hochdeutsche
phol ende uuodan uuorun ziholza duuuart	Phol und Wodan begaben sich in den Wald.
demobalderes uolon sin uuoz birenkict	Dort wurde dem Fohlen Balders der Fuß gerenkt.
thubiguolen sinhtgunt sunna era suister	Da besangen ihn Sinhtgunt und Sunna, ihre Schwester.
thuboguolen friia uolla era suister thu	Da besangen ihn Frija und Volla, ihre Schwester.
biguolen uuodan so he uuola conda	Da besang ihn Wodan, so wie er es gut verstand:
sosebenrenki soseblutrenki soselidi renki ben zibena bluot zibluoda lid zigeliden sosegelimida sin	Wenn Knochenrenkung, wenn Blutrenkung, wenn Gelenkrenkung: Knochen zu Knochen, Blut zu Blut, Glied zu Glied! So seien sie zusammengefügt!

Quelle: Website des Merseburger Domstifts

Es wird allgemein angenommen, dass „Sunna" der Name für Sól, also der Sonne ist. Damit hätte es eine Sonnengöttin gegeben, Schwester von Frigg (ahd. Frija), der Gemahlin des höchsten Gottes. Da es aber keine weiteren Textzeugnisse diesbezüglich gibt, handelt es sich hier um Vermutungen.

Genannt werden Sonne und Mond jedoch in der Prosa-Edda in der Mythe von Sunna und Mani. Sie repräsentieren jedoch nicht die Himmelskörper selbst, sondern werden aufgrund des Hochmuts ihres Vaters dazu verurteilt, diese über den Himmel zu bewegen. Wie weit sie dabei über Unsterblichkeit und notwendige Kraft hinaus als Gottheiten anzusehen sind, bleibt unklar. In der mythologischen Erzählung wird nichts darüber berichtet.

Über die genannten Unsicherheiten bei der Beurteilung der Quellen hinaus muss angemerkt werden, dass sowohl Beda als auch Sturluson Christen und in einer bereits seit längerer Zeit christianisierten Umgebung aufgewachsen waren. Sie verfügten über eine klassische Bildung, die zu ihrer Zeit das Studium griechischer und römischer (heidnischer) Schriftsteller beinhaltete. Was sie über verbliebene Reste der germanischen Religion in ihrer Umgebung wussten, ist unklar und Gegenstand historisch-wissenschaftlicher Diskussionen.

Als Althochdeutsch (abgekürzt Ahd.) bezeichnet man eine Form der deutschen Sprache, aus der Zeit etwa von 750 bis 1050 n. Chr. und dem Gebiet südlich der sogenannten „Benrather Linie". Nördlich dieser Markierung wurden altsächsische Dialekte gesprochen. Es wird vermutet, dass die beiden Sprüche im Kloster Fulda aufgezeichnet wurden; die Sammelhandschrift, in der sie gefunden wurden, kam dann später in die Bibliothek des Domkapitels Merseburg.

Im 13. Jahrhundert schrieb der isländische Historiker und Politiker Snorri Sturluson ein Lehrbuch für Skalden, die an den Höfen norwegischer und isländischer Fürsten tätig waren. Es wird „Edda" genannt, genauer: Prosa-Edda. In der Folge wurde auf seiner Basis eine Sammlung von Dichtung meist unbekannter Herkunft zusammengestellt, die sogenannte „Poetische Edda".

Insgesamt muss konstatiert werden, dass es keine belastbaren Belege für eine Verehrung von Sonne und Mond bei den Germanen gibt. Da nach dem Stand der neueren Forschung von einer einheitlichen germanischen Religion sowieso nicht gesprochen werden kann, ist es gut möglich, dass es derartige Kulte regional gab. Beweise dafür gibt es nicht.

Zusammenfassung

Sonne und Mond spielen in vielen Mythologien des westlichen Kulturkreises eine Rolle, wenn auch mit unterschiedlicher Gewichtung. Mythologische Erzählungen sagen jedoch nichts über den tatsächlichen Glauben der Menschen und ihre damit zusammenhängenden Alltagsgebräuche aus.

Nicht nachzuweisen ist eine Verehrung der Himmelskörper in der ursprünglichen Religion der Kontinentalkelten; da sie in der klassischen Antike viel von den Römern adaptiert haben (z. B. Götterstatuen) können Berichte nach der Zeitenwende und insbesondere von christlich beeinflussten Historikern nicht als belastbare Belege dienen.

Im arabischen Raum, insbesondere bei den Wüstenvölkern der arabischen Halbinsel, hat es anscheinend eine Sonnenverehrung gegeben, die sich als volkstümliches Brauchtum *Anwá'* bis zum Beginn des 20. Jahrhunderts erhalten haben soll. Die Entwicklung des Islam in dieser Gegend als eher fundamentalistische Strömung hat sie jedoch in den letzten Jahrzehnten praktisch ausgelöscht.

Bis heute hat sich eine Hypothese aus dem 19. Jahrhundert erhalten, die besagt, alle Religionen beruhten im Ursprung auf einem Sonnenkult. Tatsächlich gibt es jedoch keinerlei stichhaltige Beweise für eine solche Behauptung, zumal sie eng verknüpft war mit der Annahme einer „arischen Rasse" der Menschheit.

Bei näherer Betrachtung stellt sich heraus, dass auch den vorchristlichen Völkern bekannt war, dass es sich bei Sonne und Mond um physische Körper handelt, die man sehen, aber nicht berühren kann. Ihre Bedeutung wurde dadurch hervorgehoben, dass sie entweder ein göttliches Wesen beherbergten, von einer Gottheit bewegt worden sein sollten oder als Botschafter (Verkünder des Willens) eines Gottes oder einer Göttin fungierten. So heißt es im „Alwisslied" der älteren germanischen Edda:

Thor: „Sag mir, Alwiss – alle Schicksale der Wesen weißt du, Zwerg, denk ich –, wie der Mond heißt, den die Wesen sehn in jeder Welt."	Alwiss: „Mond heißt er bei den Menschen, aber Kugel bei den Göttern, rollendes Rad nennen sie ihn in der Hel, Eilender die Riesen, aber Glanz die Zwerge, die Alben nennen ihn Jahreszähler."
Thor: „Sag mir, Alwiss – alle Schicksale der Wesen weißt du, Zwerg, denk ich –, wie die Sonne heißt, die der Gebornen Söhne sehn in jeder Welt."	Alwiss: „Sól heißt sie bei den Menschen, aber Sunna bei den Göttern, die Zwerge nennen sie Dwalinns Mitspielerin, Immerleuchtende die Riesen, die Alben Glanzrad, Allstrahlende der Asen Söhne."

Nach: Die Götterlieder der Älteren Edda, übersetzt von Arnulf Krause, Stuttgart 2006, S.170f

18

Aus Sternenkult wird Astrologie

14 Und Gott sprach: Es werden Lichter an der Feste des Himmels, die da scheiden Tag und Nacht. Sie seien Zeichen für Zeiten, Tage und Jahre 15 und seien Lichter an der Feste des Himmels, dass sie scheinen auf die Erde. Und es geschah so. 16 Und Gott machte zwei große Lichter: ein großes Licht, das den Tag regiere, und ein kleines Licht, das die Nacht regiere, dazu auch die Sterne. 17 Und Gott setzte sie an die Feste des Himmels, dass sie schienen auf die Erde 18 und den Tag und die Nacht regierten und schieden Licht und Finsternis. Und Gott sah, dass es gut war.

1. Mose 1,14-18, Lutherbibel 2017

Grundsätzliches

Seit mehr als 4000 Jahren versuchen Menschen einen Zusammenhang zwischen den Himmelskörpern im Sonnensystem und dem Geschehen auf der Erde zu erkunden. In der Beschreibung der Ergebnisse ihrer Forschung kommen – mangels besserer Darstellungsmöglichkeiten häufig die Begriffe „Einfluss" und „Wirkung" vor.

So steht in Astrologiebüchern, der Sonnenstand zum Zeitpunkt der Geburt „beeinflusse" das äußere Erscheinungsbild eines Menschen. Bei Gertrud Hürlimann findet sich zu jedem Himmelskörper eine Aufstellung der „Wirkungen" in den Tierkreiszeichen.

Diese Formulierungen haben zu der irrigen Annahme geführt, dass hier ein mit heutigen Methoden messbaren Einfluss und/oder einer physikalischen Wirkung die Rede sei. Das Missverständnis beruht jedoch auf der Vielfältigkeit in der Bedeutung beider Wörter:

- Die Anhebung des Leitzinses *beeinflusst* die Börse
- Die Renaturierung des Bachlaufs zeigt *Wirkung* in Bezug auf Überschwemmungen.
- Die anhaltenden Verhandlungen *bewirkten* ein Umdenken bei der Verkehrsplanung
- Die Haltung des Kanzlers hat *Einfluss* auf das Ansehen der Politik
- usw.

Man könnte noch viele Beispiele anführen. In keinem Fall geht es um einen naturwissenschaftlich messbaren Zusammenhang.

Trotzdem wird bei vergleichbaren astrologischen Formulierungen oft automatisch eine kausale Beziehung angenommen, oftmals auch eine physikalische Einwirkung erwartet oder ein statistisch auswertbares Phänomen von außen zugrunde gelegt. Ein solcher Zusammenhang besteht in der Astrologie jedoch nicht.

Astrologie
über lateinisch ASTRO-LOGIA von griechisch αστρολογία (astrología) „Sternenkunde", dieses zusammengesetzt aus ἄστρον (astron, „Stern") und λόγος (lógos; vergleiche -logie). Das Wort ist seit dem 12. Jahrhundert belegt.

Johannes Kepler (1571–1630) versuchte in seiner Schrift DE FUNDAMENTIS ASTROLOGIAE CERTIORI-BUS („Über zuverlässigere Grundlagen der Astrologie") von 1601 einen naturwissenschaftlichen Zusammenhang zwischen Planetenbahnen und Geschehnissen auf der Erde herzustellen. Langfristig erwies sich dies jedoch als Irrweg.

Der lateinische Origial-text auf der TABULA SMARAGDINA soll gelautet haben:

QUOD EST INFERIUS, EST SICUT (ID) QUOD EST SUPERIUS, ET QUOD EST SUPERIUS, EST SICUT (ID) QUOD EST INFERIUS, AD PERPETRANDA MIRACULA REI UNIUS.

Für das Verhältnis zwischen den Bewegungen der Himmelskörper im Sonnensystem und Zuständen bzw. Vorgängen auf der Erde gibt es in zeitlicher Reihenfolge drei theoretische Modelle:

1. Erstmals im 6. Jahrhundert wurde das sog. „Hermetische Gesetz" von der TABULA SMARAGDINA zitiert, genannt nach einem hypothetischen Gelehrten, Hermes Trismegistos.

   > Das was unten ist, gleicht dem,
   > was oben ist, und das was oben ist,
   > ist wie das was unten ist,
   > ein ewig dauerndes Wunder des Einen.

   (Übers. Goos)

   Der Text besagt in einfachen Worten: Im Sonnensystem befindet sich alles zur gleichen Zeit im gleichen Bedeutungszustand.

Carl Gustav Jung (1875–1961), Schweizer Psychoanalytiker und Begründer der analytischen Psychologie, definierte den Begriff Archetypus als Urbild in der menschlichen Seele. Über seine Vorstellung u. a. zur Synchronizität war er auch im Austausch mit dem Physiker Wolfgang Pauli (1900–1958).

2. Eine weitere Erklärung versuchte der Psychoanalytiker Carl Gustav Jung in seiner 1952 veröffentlichen „Synchronizitätstheorie" zu formulieren. Damit bezeichnete er den Umstand, dass Ereignisse gleichzeitig auftreten, die einen Zusammenhang vermuten lassen, aber ohne dass das eine das andere verursacht: Die Himmelskörper im Sonnensystem bewegen sich von einer zur anderen Position. Für die Bedeutung der verschiedenen Positionen werden seit mehr als 4000 Jahren Stichworte gesammelt. Die Himmelskörper verursachen aber nicht die ihren Positionen zugeschriebenen Bedeutungen.

Dane Rudyar (1895–1985) beruft sich auf die sogenannte „Holistische Philosophie) von Jan Christiaan Smuts (1870–1950), niedergelegt in dem Werk „Holism and Evolution" von 1926

3. Auch der zeitgenössische amerikanische Astrologe Dane Rudyar versuchte sich an einer Erklärung des Zusammenhangs zwischen Planetenbewegungen und irdischen Vorgängen. Unter Bezug auf die holistische Philosophie von Smuts betrachtet er das Sonnensystem als eine „Ganzheit", die sich aus vielen Ganzheiten auf unterschiedlichen Ebenen zusammensetzt: Planeten, Sonne, Mond, Staaten, Menschen, Tiere, usw. Jede der genannten Objekte ist eine Ganzheit, die sich wiederum aus weiteren Ganzheiten zusammensetzt.

   Diese Ansicht erinnert an die sogenannten „Fraktale", grafische Darstellungen von mathematischen Funktionen, die bei jeder Vergrößerung eines Teils immer wieder die gleiche Struktur zeigen.

Letztlich beruhen alle diese Denkmodelle darauf, dass es *keine kausale* Verbindung zwischen den astronomischen Vorgängen im Sonnensystem und Vorgängen oder Zuständen auf der Erde gibt, sondern eine *analoge*. Diese ist allerdings in Datensammlungen seit über 3000 Jahren belegt.

Die von der Erde aus zu beobachtenden Bewegungen von Sonne, Mond und Planeten verursachen also nicht die Bedeutung von Vorgängen auf unserem Planeten, sie zeigen sie an. Und da die Planetenbewegungen sehr differenziert sind und teilweise auch sehr langsam, bilden sie ein differenziertes Ableseinstrument.

Ein praktisches Beispiel für solche non-kausalen Beziehungen ist die Verwendung einer Uhr. Die Uhr zeigt die Zeit, aber sie verursacht nicht. Das Angezeigte: „12 Uhr Mittagspause" ist auf einer Uhr ablesbar. Das Anzeigegerät verursacht aber weder die Zeit noch die Mittagspause. Entsprechend wird der „abgelesene" Zustand des Sonnensystems in der Astrologie auch oft „Zeitqualität" genannt.

Es gibt moderne Astrologinnen und Astrologen, die den Zusammenhang zwischen Planetenbewegungen und Vorgängen auf der Erde mit der quantenmechanischen Verschränkung in Zusammenhang bringen, die Albert Einstein nur als „spukhafte Fernwirkung" bezeichnete.

Die Tierkreise

Wenn ein Mensch vor 4000 Jahren nachts an den Himmel blickte, sah er das:

Sternenhimmel ohne Lichtverschmutzung

Aufgrund der Lichtverschmutzung sehen wir heutzutage viel weniger Sterne. Es gibt inzwischen sogar vor Licht geschützte "Sternenparks". Hier die Beschreibung von der Website https://www.sternenpark-rhoen.de/

Ein Sternenpark ist eine Auszeichnung für Gebiete mit schützenswerter, natürlicher Nachtlandschaft. Durch passende Maßnahmen soll die Lichtverschmutzung reduziert werden und die Nachtlandschaft bewahrt werden.

2014 wurde das UNESCO-Biosphärenreservat Rhön als Internationalen Sternenpark durch die Dark Sky Association ausgezeichnet. Die dünne Besiedelung der Rhön und die daraus folgende geringe Lichtverschmutzung ermöglichen es, intakte Nachtlandschaften zu bewundern.

Wunderschön, grenzenlos, aber unstrukturiert. Wie sollte auf diesem Hintergrund ein Himmelsereignis beschrieben werden?

„Der Komet flog vom zweitlinksten hellen Stern ein bisschen diagonal nach oben?"

Das ist tatsächlich nicht brauchbar. Da kamen die Sumerer auf eine Idee und Methode, die heute noch in der Astronomie und Sternenkunde angewendet wird: Sie fassten Sternengruppen zu Bildern zusammen. Das älteste ist wohl Cetus, der „Walfisch" und stellt die an den Himmel verbannte Tiamat, Mutter des obersten Gottes Marduk dar.

In der Antike wurden Sternbilder oft als an den Himmel geheftete mythologische Gestalten gesehen. Entsprechend der unterschiedlichen Mythologien hatten sie dann auch unterschiedliche Namen. So war die sumerische Tiamat bei den Griechen das Meeresungeheuer Ketos.

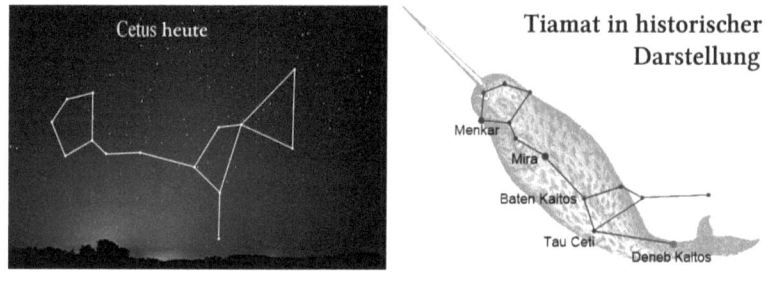

Bei uns ist der sichtbare Sternenhimmel vollständig in Sternbilder eingeteilt. Man muss sich aber klar machen, dass die auf diese Weise ‚verbundenen‘ Sterne in Wirklichkeit nichts miteinander zu tun haben, sie kommen aus unterschiedlichen Tiefen des Raums und sind oft tausende von Lichtjahre voneinander entfernt. Die Sternbilder sind also nur von den Menschen in den Himmel ‚hineingedacht‘. Trotzdem haben sie sich als Ortsangaben für den täglichen Gebrauch bewährt; mit den dreidimensionalen Koordinaten, mit denen z. B. Sternwarten arbeiten, könnten wir nichts anfangen. „Der Komet wird vom Sternbild Becher über den großen und kleinen Wagen bis zur Eidechse fliegen." ist eine anschauliche und verständliche Erklärung.

Die 1919 in Brüssel gegründete **Internationale Astronomische Union** hat 1922 eine Liste von 880 Sternbildern festgelegt. Im Jahr 1930 wurden auch die Namen einheitlich festgelegt und zwar in lateinischer oder latinisierter Form.

Zwischenzeitlich wurden auch die Grenzen jedes Sternbilds verbindlich definiert und 1922 beschlossen. Diese haben sich jedoch wegen der Präzession bereits wieder veschoben.

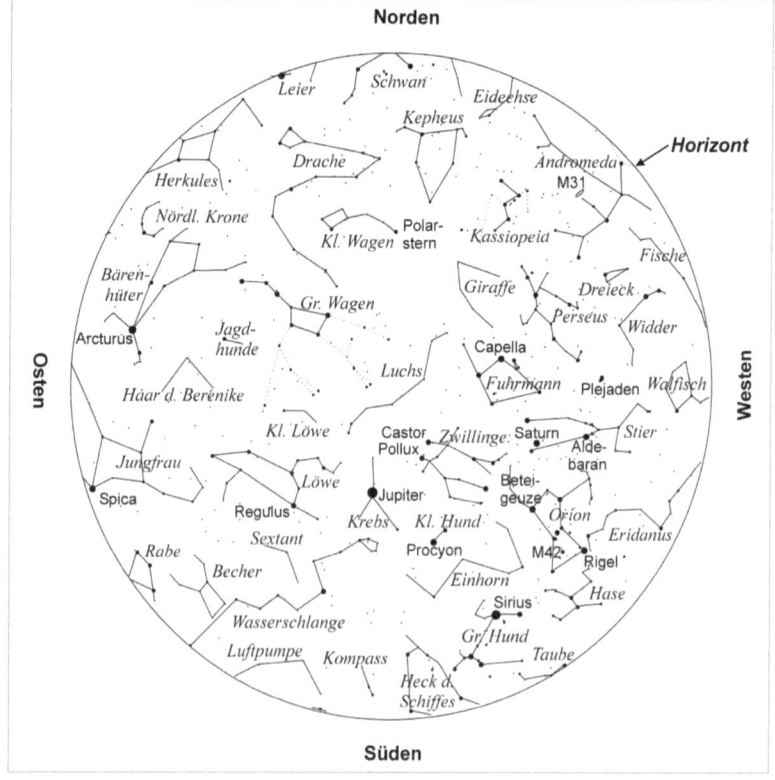

Die Sumerer waren fasziniert vom Sternenhimmel. Fixpunkt war die Stelle, an der die Sonne jeden Morgen im Osten aufging, der Ostpunkt.

Dieser Punkt ist als „Aszendent" (Aufsteigender) noch heute eine wichtige Markierung im Horoskop (Bild 1 rechts).

Bald fiel ihnen auf, dass es eine besondere Gruppe von Sternbildern gibt, die sich am besten morgens bei Sonnenaufgang zeigt. Nach der Definition der Himmelsrichtungen geht die Sonne im Osten auf und direkt über diesem Ostpunkt zeigten sich regelmäßig die gleichen Konstellationen (Bild 2 rechts)

Im Lauf des Jahres „wanderten" sie nach oben, von unten kam das nächste und so ergab sich die Vorstellung, dass diese Sternbilder im Kreis um die Erde herum zögen: Die Vorstellung vom Tierkreis war geboren.

Sonnenaufgang
im Osten

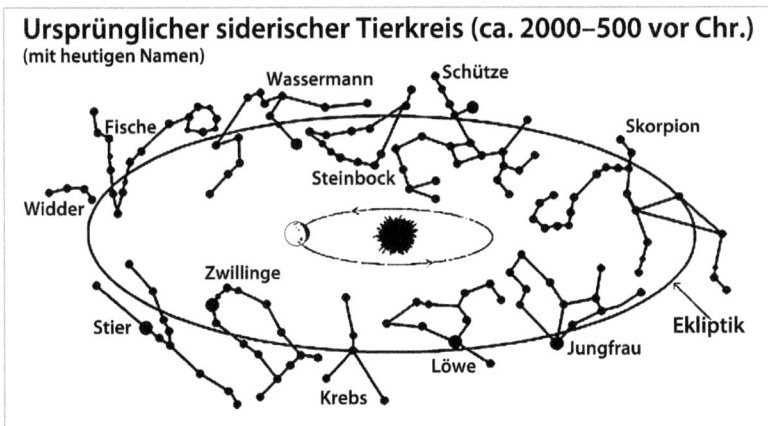

Ursprünglicher siderischer Tierkreis (ca. 2000–500 vor Chr.)
(mit heutigen Namen)

Wassermann · Schütze · Fische · Skorpion · Steinbock · Widder · Zwillinge · Stier · Löwe · Jungfrau · Krebs · Ekliptik

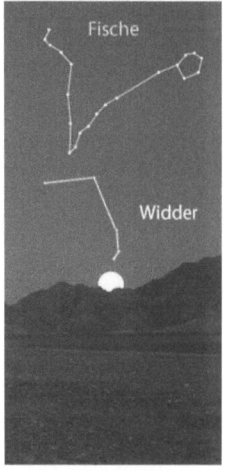

Fische

Widder

Zusammen mit den Sternbildern des Tierkreises beobachteten die Tempel-Astronomen kleine helle Objekte, die in regelmäßigen Abständen in den Sternbildern des Tierkreises erschienen (Bild 3 rechts): Das waren die Planeten und in der sumerischen Religion wurden sie als Botschafter der Götter gesehen. Mit dem Hintergrund der Sternbilder konnte man ihre Position gut beschreiben. Zu diesem Zeitpunkt etwa, vor mehr als 4000 Jahren, begann das Datensammeln in der Astrologie. Riesige Sammlungen von Keilschrift-Täfelchen zeugen bis heute davon.

Täglich wurden die Himmelserscheinungen beobachtet, niedergeschrieben und gedeutet. So entstanden regelrechte Deutungsbücher, in denen Omina, also Botschaften der Götter oder Vorzeichen, über einen langen Zeitraum zusammengetragen waren und die z. T. täglich ergänzt wurden.

Offensichtlich waren die Sumerer so eingenommen von den Sternen, dass sie ihre Religion darauf aufbauten. Dies gilt auch für die nach Ihnen im Zweistromland herrschenden Akkader und später die Babylonier. Für die Sternenbeobachtung wurden riesige Stufentempel (Ziggurate) gebaut, die sowohl der Sternenbeobachtung, als auch der Aufbewahrung der Keilschrifttafeln dienten.

Widder

Mars

Stier

Jupiter

Einerseits war mit dem Tierkreis ein Orientierungssystem geschaffen. Andererseits kann man schon aus der Abbildung seine Schwächen erkennen: Die einzelnen Konstellationen sind unterschiedlich groß, ihre Grenzen undefiniert und teilweise überlappen sie sich.

Die Namen der Sternbilder, Planeten und Gottheiten im Zweistromland haben sich im Lauf der ca. 2000 Jahre während Entwicklung mehrmals geändert. Mit der Übertragung der Keilschriftbibliotheken sind immer neue Bezeichnungen bekannt geworden.

Im Prinzip werden astrologische Daten noch heute nach dieser deskriptiven Methode gesammelt. Zwar kann man inzwischen auf eine riesige Zahl von Kombinationen „Ereignis+Konstellation" zurückgreifen. Zuende ist die Arbeit aber noch lange nicht, denn die kosmische Uhr des Sonnensystems geht sehr langsam: Erst nach mehr als 200 000 Jahren sind alle Hauptplaneten des Sonnensystems wieder gleichzeitig auf dem gleichen Platz.

Astrologie war zu Beginn eine religiöse Staatsangelegenheit mit zwei wesentlichen Aufgaben:

- Den Frieden mit den Göttern zu sichern, indem deren Willen erkundet wurde und
- den jeweiligen Herrscher in seinen Entscheidungen zu beraten (in Übereinstimmung mit den göttlichen Omina).

Entsprechend wurden die Sternbilder als Paläste (Häuser) von Göttinnen und Göttern betrachtet. Astrologie wurde in den Tempeln betrieben, sie war Teil des Kults. Das erklärt auch die strikte Ablehnung im Alten Testament der Bibel: Astrologie war Götzendienst.

Einige Beispiele:

Sternbild	Haus von	Botschafter/ Botschafterin
Löwe	Utu (babyl. Shamash)	Sonne
(Himmels-)Stier	Innana (babyl. Istar)	Venus
Schütze (Kentaur)	Marduk (Taghaus)	Jupiter
Fische	Marduk (Nachthaus)	Jupiter
Jungfrau (Ähre)	Nabû (Nebo)	Merkur
Steinbock (Ziegenfisch)	Nergal (Ninurta)	Saturn

Ab dem 10. Jahrhundert v. Chr. setzte dann aus mehreren Gründen eine „Säkularisierung" der Astrologie ein.

Zunächst begannen die Priester-Astrologen, weg von den Omina, den Vorzeichen der Götter zu kommen. Stattdessen wurden Ereignisse in Verbindung mit Planetenkostellationen aufgezeichnet. Dies wurde fortgesetzt und zur neuen Grundlage astrologischer Deutung: Über mehrere hundert Jahre wurde jeden Tag aufgezeichnet, wie die Planeten standen und was sich an diesem Tag ereignete. Die Aufzeichnungen erfolgten ohne Wertung. Diese „astrologische Tagebücher" genannten Datensammlungen bildeten die Grundlage aller späteren Deutungsbücher. Bis heute können astrologische Symbole sowohl positiv als auch negativ gedeutet werden.

Gleichzeitig begann ein intensiver Austausch zunächst zwischen Babylon und Alexandria in Ägypten, später auch unter Einbeziehung der griechischen Wissenschaftshochburgen. Nach jahrhundertelangem Hin und Her einigten sich griechische, ägyptische und babylonische Astrologen auf *zwölf* astrologisch relevante Sternbilder; die Scheren des Skorpions wurden zur Waage (deshalb ist sie als Nicht-Tier Teil des Tierkreises). Mit dieser stärker „wissenschaftlichen" Ausrichtung der Astrologie und dem Austausch mit den griechischen Mathematikern wurde immer mehr an der Berechnung der Planetenbahnen gearbeitet, zusätzlich zur direkten Beobachtung. Grundlage waren die als stabil betrachteten Sternbilder aus Fixsternen und die Bewegungen der Planeten („Wanderer") durch den Tierkreis.

Die politische Entwicklung in Mesopotamien war allerdings negativ. Durch den Aufstieg des altpersischen Reiches mit Eroberung bis nach Griechenland zerfiel die alte Einheit von Religion, Astrologie und Staat. Die Perser zwangen den eroberten Völkern zwar nicht ihre Religion auf, aber die Finanzquellen der Tempel wurden immer geringer. Dies führte dazu, dass sich die Astrologen-Priester stärker nach Westen orientierten; auf der griechischen Insel Kos entstand schließlich ein astrologisches Zentrum. Dort wurden Astrologen ausgebildet und weitere Forschung betrieben, besonders in Richtung Geburtshoroskope von individuellen Persönlichkeiten.

Dann kam die Katastrophe.

Die Sternbilder stimmten nicht mehr. Der Frühlingspunkt, also der Punkt der Tag- und Nachtgleiche befand sich nicht mehr am gleichen Punkt des Tierkreises. Ursprünglich war er identisch mit dem Aufsteigen des Sternbildes Widder. Aber die Sternbilder hatten sich verschoben.

Das Erscheinen des Sternbilds Widder am Ostpunkt

Fische

Widder (unter dem Horizont)

2100 v. Chr. 21.3.
Zeitenwende 21.4.
2100 n. Chr. 21.5.

Auf Kos gab es in hellenistischer Zeit bereits eine Ärzteschule; Hippokrates von Kos (ca. 460–370 v. Chr.) ist nach ihr benannt, obwohl sie zu seiner Zeit wahrscheinlich noch nicht bestand.

Der Asklepiadeneid, den die Ärzte angeblich beim Antritt ihres Berufs geschworen haben sollen, hat seinen Ursprung im Asklepios-Heiligtum der Insel Kos.

Vor ca. 4000 Jahren war der Aufgang des Sternbilds Widder ungefähr identisch mit dem Frühlingspunkt (Tag- und Nachtgleiche, 21.3.). Die Konstellationen entsprachen optisch den Tierkreisabschnitten d. h. wenn jemand am 6.11. geboren wurde, war im Hintergrund des Sonnenaufgangs das Sternbild Skorpion zu sehen, oder wenn jemand am 10.5. Geburtstag hatte, waren im Hintergrund der aufgehenden Sonne die Fixsterne des Stiers zu sehen.

Diese Erscheinung wird „Präzession" genannt, sie beruht auf einer Pendelbewegung der Erdachse. Endgültig wissenschaftlich beschrieben wurde sie vom griechischen Astronomen Hipparchos von Nicäa (um 190–120 v. Chr.). Damit war der bisherige, von Sternbildern gebildete Tierkreis für die exakte Positionsbestimmung von Planeten unbrauchbar geworden. Unter dem

In der indischen (vedischen) Astrologie wird noch heute der siderische Tierkreis zugrunde gelegt, allerdings mit einem Abweichungsfaktor (Ayanamasa). Im Jahr 1900 betrug dieser 22°28'. Allerdings gibt es große Differenzen in seiner Berechnung, mehr als 11 verschiedene Mehoden werden verwendet.

Die Bezeichnung „tropisch" bezieht sich auf seine Ausrichtung an vier Punkten der Ekliptik: den Äquinoktien und den Sonnenwenden, das Wort ist abgeleitet von Griechisch *trópoi* (τρόποι), was „Wendungen, Wendepunkte" bedeutet.

Da alle in den ersten ca. 2000 Jahren der Astrologie gesammelten Daten sich auf Konstellationen des damaligen Tierkreises bezogen, behielt man deren Namen aber bei, so dass alles Wissen weiter verwendet werden konnte.

Da die Abschnitte des tropischen Tierkreises die gleichen Namen tragen wie Konstellationen (Sternbilder), werden die beiden Tierkreise von astrologischen Laien oft durcheinandergebracht.

Namen „siderischer Tierkreis" ist er jedoch bis heute bekannt. Man kann sich vorstellen, dass die Präzession dazu führt, dass die Sternbilder von der Erde aus gesehen am Ende wieder zu ihrer Ausgangsposition zurückkehren, sich also ein Kreis schließt. Dieser Zyklus wird auch „Platonisches Jahr" genannt nach dem griechischen Philosophen Platon (428/427–348/347 v. Chr.), der diesen Kreis erwähnt haben soll. Seine Dauer beträgt etwa 25.700 bis 25.800 Jahre.

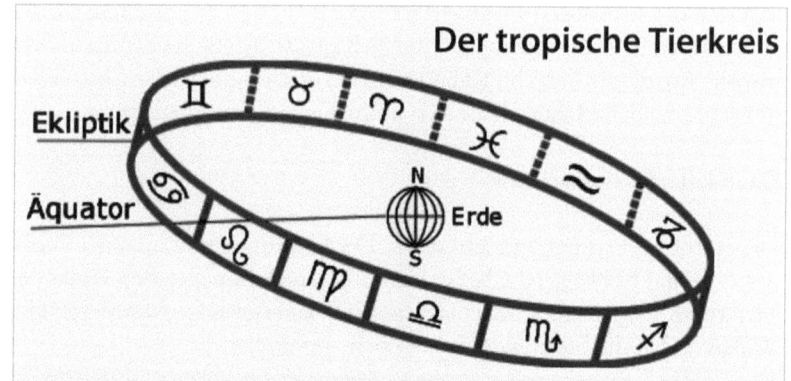

Der tropische Tierkreis

Ekliptik

Äquator

Erde

Griechische und babylonische Mathematiker schufen einen neuen Messkreis, der seitdem maßgeblich für die westliche Astrologie ist. Grundlage ist die Ekliptik, die Umlaufbahn der Erde um die Sonne. Von der Erde aus gesehen, scheint es so, als laufe die Sonne um die Erde. Dies ist die Erfahrung der Menschen. Und da Astrologie für Menschen auf der Erde gilt, nimmt sie diese Erfahrung auf. Der „neue" mathematische Tierkreis ist ein gedachter Kreis in der Ebene der Ekliptik (der Erdumlaufbahn), der die Zeit, die die Sonne für einen Umlauf benötigt, in 12 Abschnitte zu je 30° aufteilt. Es handelt sich um einen reinen Messkreis und hat mit den Fixsternkonstellationen nichts mehr zu tun. Das astrologische Jahr beginnt immer im Moment der Tag- und Nachtgleiche im Frühling (Nordhalbkugel) mit 0° Widder.
Es gibt also zwei Tierkreise:

- **Der „siderische" Tierkreis** besteht aus optisch definierten 13 Konstellationen (Sternbildern) in der Ebene der Ekliptik, die sich mit der Präzession (rückwärts) bewegen. Eine Sonderform des siderischen Tierkreises ist der von Antroposophen verwendete **„faktische" Tierkreis**. Hier wird die Ekliptik in ungleiche Abschnitte eingeteilt, die der Ausdehnung der Sternbilder entsprechen sollen (unter Vernachlässigung von Ophius).

- Der **„tropische" Tierkreis** besteht aus einem Messkreis in der Ebene der Ekliptik, der in zwölf gleich große Abschnitte eingeteilt ist. Die Abschnitte heißen nach den Sternbildern, die vor ungefähr 4000 Jahren an dieser Stelle am Himmel standen.

In der westlichen Welt wird seit ca. 2000 Jahren der tropische Tierkreis für die klassische Astrologie verwendet. Wenn im Folgenden vom Tierkreis die Rede ist, wird immer der tropische gemeint.

Praktisch kann man sich den tropischen Tierkreis so vorstellen, dass ein kreisförmiger Streifen außerhalb der Plutobahn um das Sonnensystem gelegt wird, und zwar genau in der Ebene der Erdbahn. Von einem (geografischen) Punkt auf der Erde aus werden nun Sonne, Mond, Planeten und alle sonstigen berechneten Punkte des Horoskops auf dieses Band optisch projiziert, so, als stünde da ein Mensch und betrachtete das Sonnensystem durch ein Fernrohr mit dem Tierkreis als Hintergrund. Der Beobachtungspunkt ist der Mittelpunkt des Horoskops.

Eine Horoskopzeichnung entsteht, indem von der Erde aus gesehen die übrigen Himmelskörper im Sonnensystem auf diesen Messkreis projiziert werden. Damit ist ihre Position exakt bestimmt.

Die Position der Sonne im tropischen Tierkreis wird seit dem 19. Jahrhundert in der Vulgärastrologie als „Sternzeichen" bezeichnet. Astrologisch sind die Bezeichnungen „Sonnenzeichen" oder „Tierkreiszeichen" gebräuchlich.

Da es um den Anfang einer Sache geht, eine symbolische oder tatsächliche Geburt, wird ein Horoskop oft auch „Geburtsbild" oder „Nativität" bezeichnet.

Die grafischen Kürzel, quasi „Logos" von Planeten und Tierkreiszeichen sind auf S. 2 aufgelistet.
In Abweichung davon wird Uranus in dieser Zeichnung mit ♅ dargestellt.

So entsteht eine Horoskopzeichnung

Die Zeichnung des tropischen Tierkreises mit den Projektionen der Planeten und Lichter wird von Astrologen „Horoskop" genannt. Es ist im Prinzip eine stilisierte Karte des Sonnensystems zu einem bestimmten Zeitpunkt.

Wie auch der Ort, von dem aus die Projektion gesehen wird, in die Horoskopzeichnung einbezogen wird, soll im nächsten Abschnitt dargestellt werden.

Leider wird das Wort „Horoskop" auch für Pseudovorhersagen nach Sternzeichen verwendet, die oft in Zeitungen und Zeitschriften zu finden sind. Sie haben in der Regel mit seriöser Astrologie wenig zu tun. Oft bestehen sie aus Allgemeinplätzen, die von einem Schreibprogramm aus Textbausteinen zusammengesetzt wurden.

Das Wort „Horoskop" ist eine Zusammenziehung von altgriechisch *hōra* (ὥρα): „Zeitabschnitt, Tageszeit, Stunde" und *skopéin* (σκοπεῖν): „beobachten".

Die Achsen im Horoskop

Um die symbolische Bedeutung eines Horoskops in Konkretes zu übersetzen, werden die Kenntnisse des jeweiligen Horoskopgegenstands benötigt: Für ein Staatshoroskop braucht man Politikwissen, ein Firmenhoroskop benötigt wirtschaftliche Kenntnisse, ein Krankeitshoroskop medizinische usw. Dane Rudyar nennt die Astrologie deshalb „Algebra des Lebens" weil sie wie die Mathematik erst durch Anwendung auf einen konkreten Gegenstand ein konkretes Ergebnis bringt.

Horoskope können für jeden zeitlich und räumlich definierten Punkt auf der Erde erstellt werden, in dem etwas Neues seinen Anfang nimmt:

- » die Errichtung eines Staates
- » der Moment eines Erdbebens
- » die Grundsteinlegung eines Gebäudes
- » die Gründung einer Firma
- » die Geburt eines Menschen oder Tiers
- » das Aufblitzen einer Idee
- » …

Entsprechend gibt es Staatshoroskope, Ereignishoroskope verschiedenster Art, Firmenhoroskope usw. Dabei sind Geburtshoroskope von Menschen scheinbar in der Überzahl. Für alle diese Horoskope haben sich im Lauf der Jahrhundert eigene Deutungsregeln entwickelt, die zwar auf immer die gleichen Inhalte der Symbole zurückgehen, in der Praxis aber zu den jeweiligen Ergebnissen führen, die dem Horoskopgegenstand entsprechen. Gemeinsam ist ihnen die gleiche Symbolsprache.

Dabei spielen Ort und Zeit, für die das Horoskop erstellt wird, eine entscheidende Rolle. Der Ort befindet sich in jedem Fall auf der Erde, aber die Situation ist eine andere, ob man sich nun auf der Nord- oder Südhalbkugel, im Westen oder Osten befindet. Dies ist ein Faktor für die Erstellung eines Horoskops. Berücksichtigt wird auch der Zeitpunkt, denn die Erde dreht sich in 24 Stunden einmal um sich selbst. Dabei verändert sich der Horizont entsprechend der Rotation. Der bereits im vorigen Abschnitt erklärte Ostpunkt, „wandert" auf diese Weise optisch jeden Tag einmal durch den Tierkreis. Dieser Punkt wird Aszendent genannt. Der Aszendet wurde bis zum Beginn der Neuzeit als wichtigster astrologischer Faktor betrachtet. Bei den Römern hieß das an diesem Punkt aufsteigende Zeichen HOROSCOPUS; Kaiser Nero ließ sogar Münzen mit dem Zeichen Steinbock, seinem HOROSCOPUS, prägen.

Die Wanderung des Aszendenten ist nur am Äquator gleichförmig. Wegen der Neigung der Erdachse gegen die Ekliptik sind die Abweichungen umso größer, je weiter nach Süden bzw. Norden man geht. Für Mitteleuropa ergeben sich grob die folgenden Werte:

Tierkreiszeichen	Verbleibdauer
Widder	60 min.
Stier	75 min.
Zwillinge	105 min.
Krebs	150 min.
Löwe	165 min.
Jungfrau	165 min.
Waage	165 min.
Skorpion	165 min.
Schütze	150 min.
Steinbock	105 min.
Wassermann	75 min.
Fische	60 min.

Quelle:
https://www.tabelle.info/aszendenten.html

Im sogenannten „Heidelberger Schicksalsbuch", dem CODEX PALATINUS GERMANICUS 832 aus dem 15. Jahrhundert ist für jeden Tierkreisgrad eine Weissagung aufgeführt. Rechts die schwarz-weiß-Abbildung einer Seite. Wie aus dem Text hervorgeht, handelt es sich allerdings nicht (wie irrtümlich im Vorwort angegeben) um Positionen der Sonne, sondern um den aufsteigenden Grad, den Aszendenten.

1
Das im ersten Grad aufgehende Sternbild zeigt einen
Mann, der einen Ochsen ins Schlachthaus führt.
Er hat einen Stecken in der Hand.
Das Neugeborene wird ein Metzger.

Hier noch einmal die Entstehung einer Horoskopzeichnung in Schritten:

Die Bezeichnung „aufsteigend" wurde ins Lateinische übersetzt zu „Aszendent".

Lateinisch:
ASCENDERE: „aufsteigen"
DESCENDERE: „absteigen"

Zunächst die Projektionen von Sonne, Mond und Planeten auf den tropischen Tierkreis am 20.11.2022 um 17 Uhr MEZ.

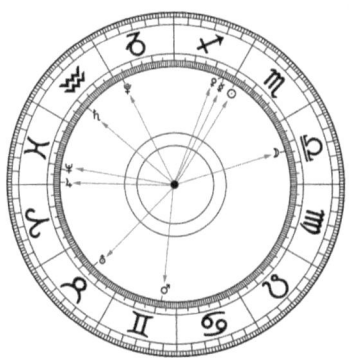

Es handelt sich um den Beginn des Eröffnungsspiels der Fußball-Weltmeisterschaft 2022. Es findet statt in der katarischen Stadt El Khor. Der Aszendent für diesen Ort ist in diesem Moment 16°15" Krebs. Das Bild wird also entsprechend gedreht und die Horizontlinie eingezeichnet:

Nur wenn die Zeit für die Erstellung des Horoskops (Geburtszeit) nicht bekannt ist, wird der Tierkreis bei 0° Widder beginnend gezeichnet.

Außerdem wird der höchste Punkt, den die Sonne an diesem Tag über dem angegebenen Ort erreicht markiert: Die Himmelsmitte, Medium Coeli, abgekürzt MC, nicht zu verwechseln mit dem Zenith. Ihr gegenüber liegt die Himmelstiefe, Immum Coeli, abgekürzt IC. Die vollständige Horoskopzeichnungen ist jetzt links zu sehen.

Der Aszendent wird in Zeichnungen oft abgekürzt als A oder AS (manchmal auch fälschlich AC). Der gegenüber liegende Punkt heißt entsprechend Deszendent, abgekürzt D oder DC.

Es ergeben sich vier sogenannte „Quadranten", die für die Deutung in vielerlei Hinsicht wichtig sind. Jeder Quadrant kann außerdem noch in drei „Häuser" oder „Erdraumfelder" unterteilt werden. Dafür gibt es viele unterschiedliche mathematische Methoden, je nach Anwendung und Bedeutung.

Für die Betrachtung der Bedeutung des Sonnensymbols im folgenden Kapitel werden die Quadranten als wichtige Bezugsgrößen herangezogen.

Achsensymbole und ihre Deutung

Alle im Folgenden genannten Deutungen sind idealtypisch, d. h. sie gelten nur, wenn der genannte Punkt allein steht, ohne einen sonstigen Himmelskörper bei sich.

Der Aszendent

Der Aszendent symbolisiert den Punkt der „Geburt", des Ins-Leben-Tretens der im jeweiligen Horoskop dargestellten Einheit. Bei Menschen ist das die physische Geburt. Bei Firmen, Vereinen oder Staaten ist es der Gründungsmoment. Das Aszendentenzeichen zeigt, wie die Nativität sich nach außen gibt bzw. sich in der Öffentlichkeit darstellt.

Deutungsstichworte dazu sind (nach Goos „Astrokarten"):

Aszendent Widder	Sieht die Welt und tritt nach außen auf:
	Lebenslustig, beweglich, sportlich, ungeduldig, schroff, taktlos, ergreift spontan die Initiative, ehrlich, mit offenem Visier.
	Verteidigt sich:
	Direkt, impulsiv, heftig, gewalttätig.

Aszendent Stier	Sieht die Welt und tritt nach außen auf:
	Bedächtig, beständig, verlässlich, stur, faul, träge reagierend, praktisch, vorsichtig, naturlieb, materialistisch, genießerisch.
	Verteidigt sich:
	Mit Gegenangriff, Wutausbrüchen, Jähzorn.

Aszendent Zwillinge	Sieht die Welt und tritt nach außen auf:
	Neugierig, kontaktfreudig, freundlich, interessiert, oberflächlich, ruhelos, Energie verzettelnd, nervös, fingerfertig, geschickt.
	Verteidigt sich:
	Durch Anpassung oder wortreich, verbal.

Aszendent Krebs	Sieht die Welt und tritt nach außen auf:
	Gefühlvoll, emotional, eher zurückgezogen, verletzlich, mütterlich, hegend, launisch, kindlich, zimperlich, schmeichlerisch.
	Verteidigt sich:
	Zieht sich zurück oder spielt Einsicht.

Aszendent Löwe	Sieht die Welt und tritt nach außen auf:
	Selbstbewusst, dominant, kann kein Unrecht sehen, optimistisch, herrscht ohne Anstrengung, ruhig, der eigenen Kraft bewusst, duldet keinen Widerspruch, tyrannisch.
	Verteidigt sich:
	Rechthaberisch dominierend, jähzornig, aufbrausend.

Sieht die Welt und tritt nach außen auf:

    Sich nützlich machend, nüchtern, in Details verlierend, selbstkritisch und kritisierend; überbesorgt um Gesundheit, Nahrung und Hygiene; erwartungsängstlich.

Verteidigt sich:

    Krittelig, haarspalterisch, mit Gegenkritik.

Aszendent Jungfrau

Sieht die Welt und tritt nach außen auf:

    Freundlich, zuvorkommend, konfliktvermeidend, vermittelnd, entschlussschwach, schönheits- und harmoniebedürftig, kunstsinnig, eitel.

Verteidigt sich:

    Verbal-argumentativ oder gar nicht, zieht sich zurück.

Aszendent Waage

Sieht die Welt und tritt nach außen auf:

    Reserviert, selbstdiszipliniert, innerlich angespannt, kontrollbedürftig – wenn nötig manipulativ, sexuell aktiv, sicherer Geheimnisträger, keine Oberflächlichkeit, will tief schürfen.

Verteidigt sich:

    Sarkastisch schlagfertig, verschließend und mit späterer Rache.

Aszendent Skorpion

Sieht die Welt und tritt nach außen auf:

    Aktiv, fröhlich, sportlich, sorglos, oft übertreibend, versucht Dinge im Zusammenhang zu sehen, interessiert an neuem Wissen und Philosophie, (entdeckungs-)reiselustig, oft religiös.

Verteidigt sich:

    Redegewandt, übertreibend, nicht nachtragend.

Aszendent Schütze

Sieht die Welt und tritt nach außen auf:

    Beherrscht, ernsthaft, verschlossen, zurückhaltend, starkes Bedürfnis nach Wertschätzung und Vertrauen, ausdauernd, Hindernisse und Herausforderungen mit Zähigkeit überwindend, karriereorientiert, Angst vor Widerstand, beharrlich bis ins Fanatische.

Verteidigt sich:

    Alternativlose Sachargumente, grob, wortarm, entzieht sich.

Aszendent Steinbock

Sieht die Welt und tritt nach außen auf:

    Einnehmend, munter aber unpersönlich, intuitiv originell bis bizarr, wissenschaftsorientiert, freisinnig.

Verteidigt sich:

    Argumentativ, unkonventionell, unberechenbar, aufrührerisch.

Aszendent Wassermann

Aszendent Fische	Sieht die Welt und tritt nach außen auf:
	Hochsensibel, träumerisch, emotional empfänglich, passiv wirkend, neigt zur Alltagsflucht, künstlerisch.
	Verteidigt sich:
	Verschließt sich innerlich, Flucht, Scheinanpassung.

Der Deszendent

Der Deszendent liegt dem Aszendenten gegenüber. Sein Zeichen zeigt, wie der /die Betroffene im privaten Bereich handelt und reagiert. Dabei wird oft die Gegensätzlichkeit der oppositionellen Zeichen deutlich.
Deutungsstichworte zum Deszendenten:

Deszendent Widder	Verhält sich im privaten Kreis:
	Aktiv, energiegeladen, spontan, ehrlich, überrumpelnd, unverstellt, schroff, ungeduldig, taktlos.
	Gestaltet die eigene Wohnumgebung:
	Kühl, sachlich, wenig strukturiert, unordentlich.
Deszendent Stier	Verhält sich im privaten Kreis:
	Zurückhaltend, reserviert gegenüber Neuem, langsam reagierend, sicherungsorientiert, geizig, stur, auf Materielles fixiert.
	Gestaltet die eigene Wohnumgebung:
	Freundlich, harmonisch, sammelt alles, überladen.
Deszendent Zwillinge	Verhält sich im privaten Kreis:
	Interessiert, informiert, witzig, sprunghaft, intellektuell ohne Tiefe, geschwätzig, oberflächlich, ruhelos.
	Gestaltet die eigene Wohnumgebung:
	Nach der neuesten Mode, bunt und abwechslungsreich.
Deszendent Krebs	Verhält sich im privaten Kreis:
	Fürsorglich, empathisch, überwältigend bemutternd, besitzergreifend, schauspielert Kindlichkeit, schutzbedürftig.
	Gestaltet die eigene Wohnumgebung:
	Gemütlich, konservativ, langlebig.
Deszendent Löwe	Verhält sich im privaten Kreis:
	Selbstbewusst, bestimmend, optimistisch, spielt gern, Siegertyp, bestimmend, tyrannisch.
	Gestaltet die eigene Wohnumgebung:
	Braucht viel Platz, große Möbel, großzügige Gestaltung.

Verhält sich im privaten Kreis:

    Sorgt sich viel, muss sich nützlich machen, gesundheitsbewusst, sauberkeitsfanatisch, strukturiert, oberflächlich ordentlich.

Gestaltet die eigene Wohnumgebung:

    Viel freie Fläche, oberflächlich sichtbare Ordnung geht vor.

Deszendent Jungfrau

Verhält sich im privaten Kreis:

    Harmonisch, vermittelnd, Interesse vorgebend, unfähig zu Auseinandersetzungen, schlichtend, Einigkeit demonstrierend.

Gestaltet die eigene Wohnumgebung:

    Aktuelle Mode, Kunst und Schönheit sind am wichtigsten.

Deszendent Waage

Verhält sich im privaten Kreis:

    Zurückhaltend, prinzipienfixiert, sehr ordnungsliebend, bei der Durchsetzung der eigenen Ideen auch grausam, sexuell aktiv.

Gestaltet die eigene Wohnumgebung:

    Strukturiert nach vorgegebenen Ideen, keine Schnörkel.

Deszendent Skorpion

Verhält sich im privaten Kreis:

    Hans-Dampf-in-allen-Gassen, hält gern Vorträge, philosophiert, ist mehr an Wissenszuwachs als an Bindungen interessiert.

Gestaltet die eigene Wohnumgebung:

    Lässt Andere möblieren, da er sich stets auf der Durchreise fühlt.

Deszendent Schütze

Verhält sich im privaten Kreis:

    Ordnungsliebend, pflichtbewusst, wohlwollend, korrekt, für die Gemeinschaft engagiert, engstirnig, überherrschend.

Gestaltet die eigene Wohnumgebung:

    Nachhaltige praktische Möblierung, konservativer Geschmack.

Deszendent Steinbock

Verhält sich im privaten Kreis:

    Gesellig, meist umgänglich, sozial interessiert, zukunftsorientiert, unkonventionell, technisch versiert, Organisationstalent.

Gestaltet die eigene Wohnumgebung:

    Weitläufig, immer auf dem letzten Stand der Technik, farbig.

Deszendent Wassermann

Verhält sich im privaten Kreis:

    Verträumt, abwesend, wirkt leicht unkonzentriert, unengagiert, passiv, musikliebend.

Gestaltet die eigene Wohnumgebung:

    Weiche Möbel, Kissenberge, Ordnung nicht erkennbar, liebt Düfte.

Deszendent Fische

Die Kombination zwischen Aszendent und MC ist nicht beliebig. In Mitteleuropa liegt das MC immer nur 2-4 Zeichen vor dem Aszendenten.

AS	MC
Widder	Schütze
	Steinbock
	Wassermann
Stier	Steinbock
	Wassermann
	Fische
Zwillinge	Wassermann
	Fische
	Widder
Krebs	Fische
	Widder
	Stier
Löwe	Widder
	Stier
	Zwillinge
Jungfrau	Stier
	Zwillinge
	Krebs
Waage	Zwillinge
	Krebs
	Löwe
Skorpion	Krebs
	Löwe
	Jungfrau
Schütze	Löwe
	Jungfrau
	Waage
Steinbock	Jungfrau
	Waage
	Skorpion
Wassermann	Waage
	Skorpion
	Schütze
Fische	Skorpion
	Schütze
	Steinbock

Aus dieser Aufstellung wird klar, wie jemand mit Jungfrau-Aszendent an seiner Arbeitsstelle kühl, organisiert und rational handelt und gleichzeitig sein Zuhause mit Kissenburgen ausstattet, um dort bei Kerzenschein und Räucherduft psychedelische Musik zu genießen (Fische-Deszendent).

Das MEDIUM COELI (Himmelsmitte)

Die zweite Achse wird vom Medium Coeli, der Himmelsmitte (MC) bestimmt.

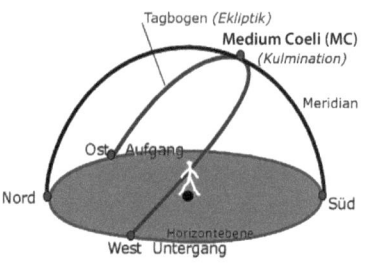

Quelle: AstroWiki

Das MC symbolisiert das ideelle „Ziel" der Nativität. Bei Ereignishoroskopen kann man vom Zeichen am MC den letztendlichen Ausgang der Angelegenheit ablesen. Im Horoskop eines Menschen wird am MC erkennbar, auf welche Art und Weise die Lebensziele erreicht werden sollen. Nicht nur für den Wunsch, in der Öffentlichkeit eine Rolle zu spielen, sondern auch für den Beruf gilt es als wichtigster Signifikator.

Bis zum Beginn der Neuzeit war es der Beruf des Vaters und die Rangfolge in der Geschwisterreihe, die bestimmten, welchem Broterwerb man nachzugehen hatte. Es war also die Familie, die den Beruf bestimmte, und somit war die Berufswahl schwerpunktmäßig eine Angelegenheit des 4. Hauses. (s. IC S. 37f)

Der älteste Sohn übernahm Hof oder Werkstatt des Vaters – gab es keinen Sohn, heiratete eine Tochter einen entsprechenden Mann. Die nachfolgenden Geschwister hatten im wesentlichen die Auswahl zwischen Knecht bzw. Magd, Mönch bzw. Nonne oder Soldat (Söldner). Natürlich gab es einzelne Ausnahmen, aber im Allgemeinen war dies alles, was an „Karriere" zur Auswahl stand. Selbst bei den höheren Ständen sah es im Prinzip nicht anders aus.

Erst mit der Industrialisierung, der Entstehung vieler spezialisierter Berufe, dem Lohnarbeitertum und der Idee einer Berufswahl nach Neigung oder Eignung verlangt der Lebensweg eine schwerwiegende Entscheidung für eine bestimmte Tätigkeit als wirtschaftliche Grundlage des Lebens. Diese Entscheidung begründet gleichzeitig auch das Maß der Selbstverwirklichung und des sozialen Ansehens.

(zitiert aus „Lexikon der astrologischen Zuordnungen", Bd. 4, S. 3)

Früher konnte es also durchaus vorkommen, dass jemand den aus der Familientradition vorgegebenen Beruf ausübte (IC) und seine Selbstverwirklichung in einer öffentlichen Funktion z. B. als Stadtrat fand. Heutzutage ist es in Regel der Beruf, der die gesellschaftliche Position bestimmt.

Deutungsstichworte dazu sind (nach Goos „Astrokarten"):

Lebensziel: MC im Widder
>   Führungsposition oder Selbständig, körperliches Ausagieren,
>   Sieg in Wettkämpfen, Anerkennung, gesellschaftliche Geltung.
Einstellung:
>   Ich-betont, kämpferisch, unbedacht, rücksichtslos.

Lebensziel: MC im Stier
>   Luxus auf der Basis stabilen Besitzes, materielle Sicherheit, Genuss der guten Dinge des Lebens, Schönheit der Umgebung.
Einstellung:
>   Realitätsbezogen, praktisch, maßvoll planend, zielstrebig, konservativ, mangelnder Wagemut.

Lebensziel: MC in Zwillinge
>   Abwechslungsreiche Tätigkeiten, viele Kommunikationspartner, geistig anregende Umgebung, Farbigkeit auf allen Ebenen.
Einstellung:
>   Vielseitig, agil, wechselhaft, oberflächlich.

Lebensziel: MC in Krebs
>   Schwankende Wege und Ziele, gefühlsmäßige Gewinne durch Fürsorge für Andere, materielle Stabilität, stabile Beziehungen.
Einstellung:
>   Emotional, nachgiebig, zäh, sichernd und bewahrend.

Lebensziel: MC in Löwe
>   Platz im Rampenlicht, Beachtung der Persönlichkeit, leitende Stellung oder Selbstständigkeit, Luxus, Selbstverwirklichung.
Einstellung:
>   Egozentrisch, bestimmend, großzügig, herrschend.

Lebensziel: MC in Jungfrau
>   Sichere Position, Beweis der eigenen Nützlichkeit, stabiles materielles Fundament, Verwirklichung aller Pläne durch methodisches, stetiges Vorgehen.
Einstellung:
>   Vorsichtig, realistisch, methodisch, Risiko meidend.

MC in Waage	Lebensziel:
	Repräsentative Position, persönliche Beziehungen, die den eigenen Plänen nützlich sind, dekorative Umgebung, Harmonie in allen Lebensbereichen.
	Einstellung:
	Ehrgeizig, zielstrebig, Auseinandersetzungen meidend.

MC in Skorpion	Lebensziel:
	Verwirklichung vorgefasster strukturierter Pläne und Ideen, Durchsetzung eigener Ordnungsvorstellungen, individuell erkämpfter Erfolg.
	Einstellung:
	Schwierigkeiten und Auseinandersetzungen sind zu gewinnen.

MC in Schütze	Lebensziel:
	Position mit gesellschaftlicher Anerkennung, Ansehen und Ehren, Reisen, vielfältige Eindrücke, hohe Stellung in einer Hierarchie.
	Einstellung:
	Aufnahme von äußeren Anregungen, mangelnde Gradlinigkeit.

MC im Steinbock	Lebensziel:
	Eine Position mit Macht und Einfluss, materielle Absicherung, Struktur und Ordnung im Leben.
	Einstellung:
	Realistisch, aufstiegsorientiert, eigenen Idealen verpflichtet.

MC im Wassermann	Lebensziel:
	Beruf ohne Routine, Arbeitsplatz mit lebendigem Betriebsklima, immer neue, ungewöhnliche oder originelle Ziele, abwechslungsreiche Freizeitaktivitäten.
	Einstellung:
	Eigenständig, eigenwillig, vielseitig, polarisierend.

MC in Fische	Lebensziel:
	Verwirklichung der eigenen Vorstellung auch ohne materiellen Gegenwert, viel Zeit für Imagination und Träume, Einbettung in eine stabile berufliche Umgebung, die man nicht erkämpfen muss.
	Einstellung:
	Äußerlich nachgiebig, Hindernissen ausweichend, innerlich zäh und unbeirrbar.

Das Immumm Coeli (Himmelstiefe)

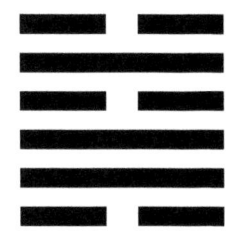

Dem MC genau gegenüber liegt das IC (Himmelstiefe, Immum Coeli). Das Immum Coeli ist immer der tiefste Punkt in der Horoskopzeichnung.

Entsprechend ist es das „Gegenüber" des MC:

- Wo es dort um die Zielrichtung in die Zukunft geht, symbolisiert das IC Herkunft und Verwurzelung in der Vergangenheit.
- Während es beim MC um das Ansehen der Gesellschaft geht, symbolisiert das IC die Einbettung in die (Groß-)Familie.
- Zeigt das MC die äußere Haltung an, so sind beim IC die seelischen Bedürfnisse das eigentliche Thema.

Das IC symbolisiert also die innere Konstitution. Somit ist das IC in gewisser Weise die „Basis" allen Handelns. Nur wer sich selbst annimmt und gut für die eigenen seelischen Bedürfnisse sorgt, kann nach außen wirken. Dies wirkt sich besonders auf die sogenannte *Resilienz* der Nativität aus; dabei geht es um

> **psychische Widerstandskraft; Fähigkeit, schwierige Lebenssituationen ohne anhaltende Beeinträchtigung zu überstehen**
>
> (Duden)

Im „Lexikon der Psyhologie" von Dorsch (Online-Version) werden weitere Faktoren für die Resilienz genannt:

> **Familiäre Schutzfaktoren sind z. B. Bindungsqualität zu den Geschwistern und Familienkohäsion mit gleichzeitigem Platz zur Entfaltung.**
>
> https://dorsch.hogrefe.com/stichwort/resilienz

Entsprechend gibt es Resilienz unterschiedlicher Ausprägung auch bei Firmen, Vereinen, Staaten und vergleichbaren Einheiten.

Deutungsstichworte zum IC:

Was der Seele gut tut:
>   Aktivität. sportlicher Wettkampf, körperliches Ausagieren.

Verhältnis zu Heimat und Familie:
>   Wenig Bindung, aggressiver Protest bei vermeintlichen Freiheitsbeschränkungen.

IC im Widder

Was der Seele gut tut:
>   Aktivitäten in der Natur, Gartenarbeit, ökonomisch stabile Verhältnisse, gutes Essen.

Verhältnis zu Heimat und Familie:
>   Starke Verwurzelung im Familienverband, konservative Vorstellungen, Heimatliebe, Engagement in örtlichen Gruppen oder Vereinen.

IC im Stier

Einen deutlichen Hinweis gibt es im I Ging 48, „Der Brunnen":

Man mag die Stadt wechseln, aber man kann nicht den Brunnen wechseln.

(Wing, 48)

Im einer am chinesischen Originaltext orientierten Übersetzung heißt es zur Ausgangssituation:

Einengung: Erreichen des Oberen beinhaltet notwendigerweise Wenden nach unten.

Zum Akzeptieren der Voraussetzung gehört der Gebrauch von Der Brunnen.

(Eranos S. 611)

IC in Zwillinge	Was der Seele gut tut:
	Abwechslungsreiche Aktivitäten, Beschäftigung mit neuen Ideen, Diskussionen.
	Verhältnis zu Heimat und Familie:
	Neue Ideen sind wichtiger als die Überlieferung, intellektuelle Haltung, selten dauerhafte Bindungen.

IC in Krebs	Was der Seele gut tut:
		Für Andere sorgen, kochen, baden, pflegen und gepflegt werden.
	Verhältnis zu Heimat und Familie:
		Stabile Familie ist lebenswichtig, bei Unruhe Nervosität, fester Platz zum Leben, interessiert an Ahnenforschung.

IC in Löwe	Was der Seele gut tut:
		Zeichen der Anerkennung bekommen, spielen, kreative Aufgaben, um Rat gefragt werden.
	Verhältnis zu Heimat und Familie:
		Familie als Übungsfeld für eigene Dominanz, Zusammenhalt wird als selbstverständlich angenommen, alle anderen haben zu hören.

IC in Jungfrau	Was der Seele gut tut:
		Körperpflege, Reinigung der Wohnung, nützlich für Andere sein.
	Verhältnis zu Heimat und Familie:
		Versteht sich als wichtiges Mitglied der Familie, sorgt sich um die Gesunderhaltung aller bis zum Dogmatismus, offen für Ehrenämter.

IC in Waage	Was der Seele gut tut:
		Mit schönen Dingen umgeben sein, Kunst konnsumieren, Harmonie fühlen.
	Verhältnis zu Heimat und Familie:
		Friedvolles Miteinander, deckt verdrängte Konflikte auf zwecks Heilung, Friedensstiftung auf allen Ebenen.

IC in Skorpion	Was der Seele gut tut:
		Struktur und Ordnung, Bedachtsamkeit, Zeit sich eigene Vorstellungen zu machen, keine Forderung von Spontaneität.
	Verhältnis zu Heimat und Familie:
		Grenzt sich gern ab, verfolgt vorgefasste Ideen auch wenn sie überholt sind, grausam gegen Feinde.

Was der Seele gut tut:
> Beschäftigung mit geistigen Inhalten, philosophieren, reisen in oder informieren über ferne Länder.

Verhältnis zu Heimat und Familie:
> Passt sich gut in hierarchische Strukturen ein, möglichst an höchster Stelle.

IC in Schütze

Was der Seele gut tut:
> Materielle Sicherheit, klare Regeln, konservative Strukturen, Ansehen in der Öffentlichkeit.

Verhältnis zu Heimat und Familie:
> Heimatverbunden ohne Chauvinismus, übernimmt öffentliche Ämter ohne materielle Gewinnabsicht.

IC in Steinbock

Was der Seele gut tut:
> Großer Freundeskreis, Treffen mit Gleichgesinnten, Umgang mit neuester Technik.

Verhältnis zu Heimat und Familie:
> Schätzt informelle Gruppierungen, häufig nach Neuem strebend, vermeidet Althergebrachtes, betonte Extravaganz, kann gut Widersprüche aushalten.

IC in Wassermann

Was der Seele gut tut:
> Musik machen und hören, Tagträumen, Phantasiereisen, Weltflucht.

Verhältnis zu Heimat und Familie:
> An Vergangenem interessiert, wenig Bindung an die Gegenwart, Künstlertyp, idealisiert leicht alles, flüchtet bei Belastung in Phantasien oder Wahngebilde.

IC in Fische

Betont werden muss noch einmal, dass alle diese Deutungshinweise nur dann in Reinform zum Tragen kommen, wenn keine anderen Horoskopfaktoren in der Nähe stehen. Es handelt sich in jedem Fall um komplexe Symbole, deren Bedeutung in obiger Beschreibung nur grob vereinfachend dargestellt ist.

Berücksichtigt werden muss außerdem, dass die einzelnen Elemente eines Horoskops sich nicht addieren, sondern miteinander in Verbindung stehen, sich auch gegenseitig beeinflussen.

Die Gesamtschau der Deutung eines Horoskops kann nur in einer gründlichen Astrologie-Ausbildung erlernt werden.

Eine ausführliche Darstellung des symbolischen Denkens in der Astrologie findet sich in „Götter am Himmel" der gleichen Autorin, S. 21ff.

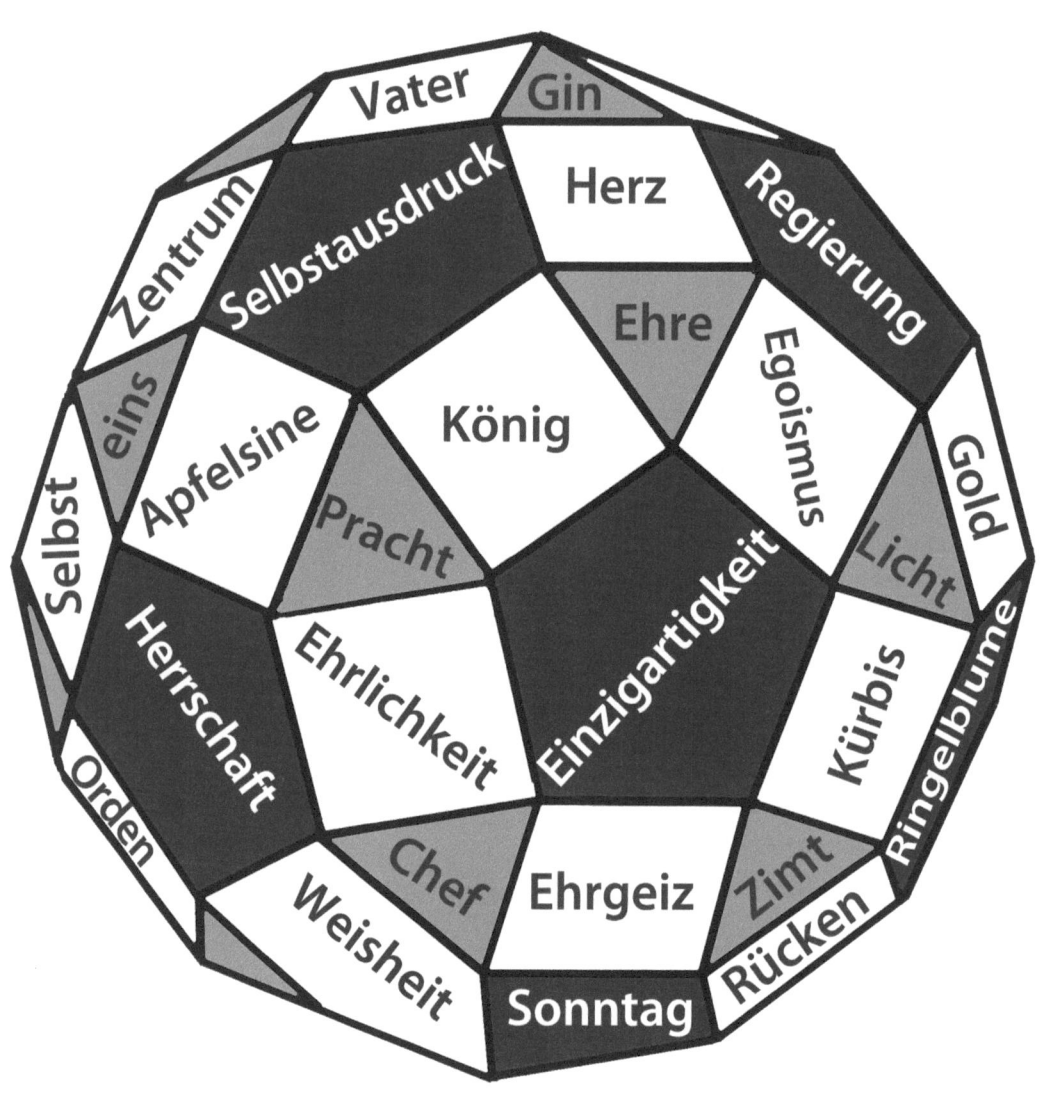

Darstellung einiger Aspekte des astrologischen Symbols "Sonne" als Facettenkugel

Die Sonne

Howard Sasportas:

> Die Sonne steht, wo du dich selbst findest – wo du dich als eigenständiges, einzigartiges Individuum definierst.

(Dimensionen des Unbewußten S. 215)

Die Sonne, ebenso wie alle Planeten einschließlich der Erde, entstand aus dem sogenannten präsolaren Urnebel. Aber sie ist nicht in dieser Ebenbürtigkeit stehen geblieben, sondern wurde zum Zentrum des Sonnensystems. Ihr Licht, die von ihr gespendete Energie, gilt allen Planeten. Die Gravitation, die von ihrer Masse ausgeht, begründet die Bewegungen aller Himmelskörper. Das astronomische Gefüge, von dem die Erde einen Teil ausmacht, heißt nach ihr: Sonnensystem.

Auch wenn Astronomen die Sonne als ganz „normalen" Fixstern klassifizieren, ist sie wegen ihrer Nähe zur Erde der am besten erforschte.

Entsprechend dieser dominierenden Stellung im Sonnensystem wird das Symbol Sonne in der Astrologie gedeutet:

- In der Mundanastrolgie als Herrscher/in bzw. Regierungsoberhaupt des dargestellten Staates.
- In der Wirtschaftsastrologie als Direktor/in bzw. Besitzer/in der zu untersuchenden wirtschaftlichen Einheit.
- In der Astromedizin als Herz des Patienten oder der Patientin.
- In der psychologischen Astrologie (Individualastrologie) als Wesenskern und Ursprung schöpferischer Gestaltung.

„Mundanastrologie" hat bestimmte Gebiete, Orte und Länder der Erde zum Thema. Teilweise wird sie auch „Politische Astrologie" genannt.

Bei allen Horoskopdeutungen steht die Sonne zentral.

Keiner der Planeten hat eigenes Licht, alle spenden lediglich reflektiertes Sonnenlicht. Immer sind die Planeten in Beziehung zur Sonne, dem Zentrum und Bewusstsein der Persönlichkeit zu betrachten. Die Sonne nimmt im Geburtsbild die Schlüsselstellung ein.

(Hürlimann, S. 155)

Unter „Horoskop" wird hier die stilisierte Karte des Sonnensystems verstanden, auf deren Basis astrologische Deutungen zustande kommen.

Einige der sich aus dieser Stellung ergebenden Deutungsstichworte sind in nebenstehender Facettendarstellung wiedergegeben. Sie vermittelt eine Ahnung von der Komplexität des astrologischen Symbols Sonne.

Im Folgenden geht es – wenn nichts anderes angegeben – um Horoskope für Menschen. Die Bedeutungsinhalte können entsprechend an andere astrologische Gebiete angepasst werden.

Aus obigem Zitat aus dem Jahr 1985 wird deutlich, dass das astrologische Symbol Sonne viel mit Selbstfindung zu tun hat. Dieser psychologische Begriff ist in den letzten Jahren ein Schlagwort geworden. Ausgehend von der Entwicklungspsychologie liefert er quasi die Wegweisung zu einem erfüllten und erfolgreichen Leben. Rezepte und Anleitungen zur Selbstfindung werden viele angeboten – Meditation und Yoga sind nur zwei davon.

Sie wird zur Unterscheidung von Deutungstexten oft Horoskopzeichnung genannt.

Da sowohl für Ereignisse, als auch für Tiere oder Menschen ein Horoskop erstellt werden kann, wird im folgenden der sach- und geschlechtsneutrale ältere Begriff „Nativität" verwendet.

Die Leiterinnen und Leiter von Kursen zur Einübung von Psychotechniken werden heutzutage „Coach" genannt; das ist ein englisches Wort, das noch in einem Wörterbuch von 1910 als „Kutscher" (von Pferdekutschen) übersetzt wird.

Die Anbieter von Selbstfindungskursen machen häufig große Versprechen: Zufriedenheit mit der eigenen Lebenssituation gehört vor allem dazu. Gleichzeitig sind sie zu einem Geschäft geworden, Einen grundsätzlichen Mangel haben die Kurse, die entsprechenden Angebote im Internet und auch die als Buch veröffentlichten Anleitungen: Sie tun so, als seien alle Menschen psychisch gleich disponiert. Die Empfehlungen zur Selbstfindung, die jedoch dem einen hochwillkommen sind und ihn weiterbringen, können bei der anderen völlig abprallen.

Im Horoskop ist das Symbol Sonne eingebettet in eine komplexe Struktur, individuell für jede Nativität; jede Deutung geschieht im Zusammenhang mit den anderen Horoskopelementen und individuell bezogen auf die jeweilige Person.

Die Sonne in den Quadranten

Für die beiden ersten Quadranten, die unter dem Horizont liegen, kann man generell sagen, dass eine dort positionierte Sonne auf Introvertiertheit schließen lässt.

Introvertierte Menschen wirken meist ruhig, bedacht und ernst. Sie arbeiten am liebsten für sich allein. In größeren Gruppen nehmen sie oft die Beobachterrolle ein. In ihrer Freizeit tanken sie neue Kraft im Alleinsein oder bei tiefen, ausführlichen Gesprächen mit vertrauten Menschen.

Zurückhaltung und Schüchternheit sind antrainierte Verhaltensweisen. Introversion demgegenüber ist ein Persönlichkeitsmerkmal und kann deshalb nicht einfach abgelegt werden (und muss auch gar nicht)

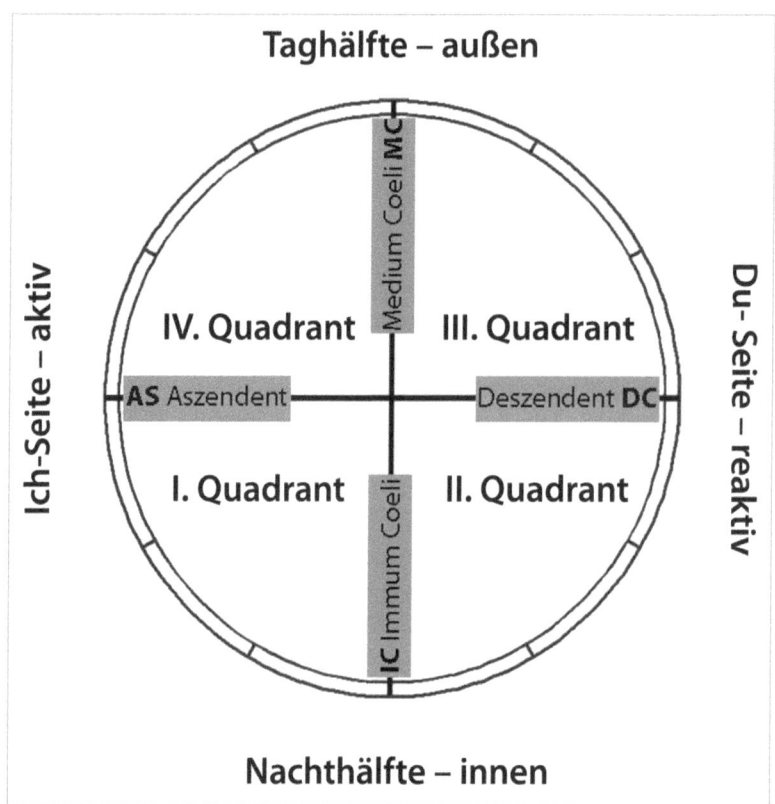

Schematische Darstellung der Quadranten im Horoskop
nach Gertrud Hürlimann

I. Quadrant: Innen-Ich

Personen mit einer solchen Sonnenposition im Horoskop wirken häufig eher reserviert, was nicht mit Passivität verwechselt werden darf. Entgegen dem äußeren Eindruck sind sie nicht leicht zu beeinflussen.

Oft vertreten sie konservative Strukturen, die darauf hinauslaufen, den Status quo zu erhalten und zu sichern. Das Moment des Sicherns und Verharrens ist ausgeprägt, von außen aufgezwungene Veränderungen ihrer Lebensumstände nehmen sie nur schwer hin.

Die scheinbare Passivität resultiert aus einer unbewusst aktiven Haltung. Die Person sieht sich stärker als Einzelwesen, das sich hier im Leben verwirklichen will.

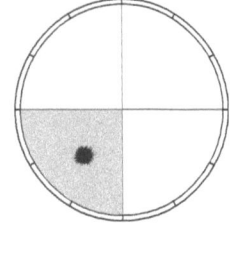

Als prominentes Beispiel soll hier der belgische Sänger Helmut Lotti angeführt werden. Seine Körpersprache in der Öffentlichkeit signalisiert eine eher reservierte Haltung, er wirkt beinahe schüchtern. Tatsächlich wurde sogar eine milde Form von Autismus bei ihm festgestellt, wie er in einem Interview mit dem Österreichischen Fernsehen im Jahr 2019 bestätigte. Trotzdem wurde er zu einem gefeierten Bühnenstar. Dabei geht er einen eigenen, ungewöhnlichen Weg. Da er nicht nur populäre Unterhaltungsmusik, sondern auch klassische Stücke präsentiert, wird er auch Cross-Over-Künstler genannt. Ohne klassische Gesangsausbildung gestaltet er alles mit seiner Stimme und nach seiner eigenen Vorstellung. Bei dem genannten Interview macht er sehr deutlich, dass er nicht einfach vorgegebene Titel singt, sondern bewusst individuell interpretiert. Bei seinem 2008 erschienenen Album „Time to Swing" hat er sogar drei Stücke selbst komponiert, da er in dem vorhandenen Material nicht die gewünschte Ausdrucksmöglichkeit fand.

Auch sein großes Vorbild, Elvis Presley, hatte die Sonne im I. Quadranten.

Helmut Lotti, geb. 22. Oktober 1969 um 4h MEZ als Helmut Barthold Johannes Alma Lotigiers in Sint-Amandsberg bei Gent.

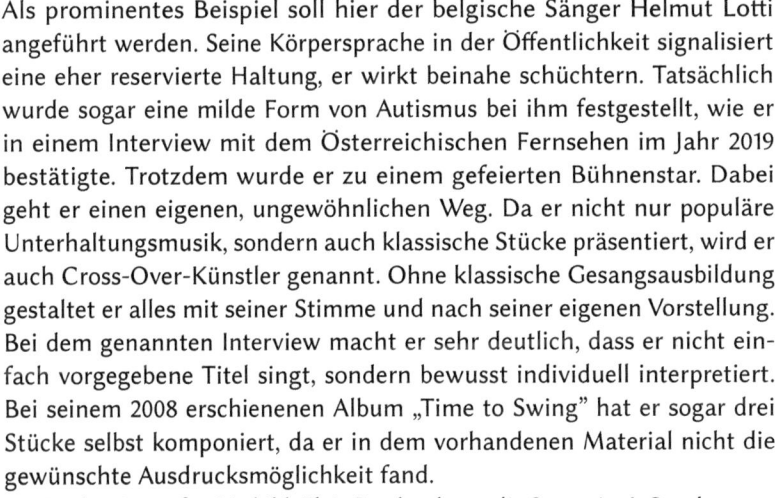

Die Position der Sonne im Horoskop von Helmut Lotti

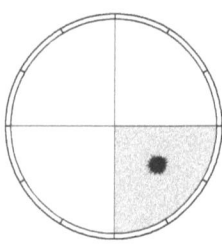

II. Quadrant: Innen-Du

Personen mit einer solchen Sonnenposition im Horoskop nehmen oft eine eher reserviert wirkende Haltung ein. Bei neuen Projekten können sie das Reifen der Ideen abwarten.

Sie sind in der Lage, auf alle Impulse von außen zu reagieren und diese in die eigenen Vorstellungen produktiv einzubauen. Diese Fähigkeit macht sie z. B. zu sehr effektiven Leitern einer Arbeitsgruppe. Auch in Umständen, bei denen es notwendig ist, mit anderen so zusammenzuarbeiten, dass nicht das eigene Wollen, sondern die gesammelte Kraft eines Arbeitskreises zum Tragen kommt, sind sie ideale Partner. Dabei werden sie durch die Fähigkeit begünstigt, nicht nur rationale Argumente, sondern auch die Emotionen ihrer Partner wahrzunehmen.

Messi, Lionel, geb. 24. Juni 1987 um 20:30 (= 8:30 PM) Uhr in Rosario (Santa Fé), Argentinien, 32s57, 60w40

Als prominentes Beispiel soll hier der argentinische Fußballspieler Lionel Messi dienen. Er ist siebenmaliger „Weltfußballer des Jahres", Rekord-Torschütze und von Jugend an ein Ausnahmespieler. Besonders erfolgreich war er als Mannschaftskapitän des FC Barcelona in der Spielzeit 2018/2019, in der sein Club, der FC Barcelona spanischer Meister wurde.

Er ist nicht nur ein erfolgreicher Torschütze und Dribbel-Künstler. Bescheinigt werden ihm sehr gute Übersicht auf dem Spielfeld und häufiges Interagieren mit seinen Mitspielern. Neben eigenen Toren hat er mindestens ebenso viele Vorlagen für die Tore seiner Mitspieler geliefert. Er wurde auch als der „kreative Kopf" des FC Barcelona bezeichnet und hatte dort die Position des Spielmachers. Seine technischen Fähigkeiten erlaubten ihm aber auch, plötzlich als Torjäger loszustürmen und konsequent einen Vorteil auszunutzen.

Von seinem Privatleben sind nur die nötigsten Daten bekannt.
Die Fußballer Arjen Robben und Ousman Dembélé haben eine vergleichbare Sonnenposition im Horoskop.

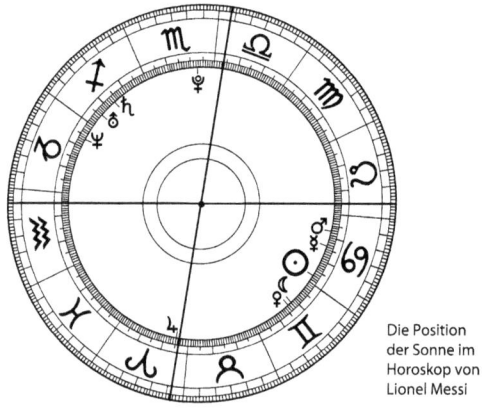

Die Position der Sonne im Horoskop von Lionel Messi

Für die beiden weiteren Quadranten, die über dem Horizont liegen, kann man generell sagen, dass eine dort positionierte Sonne auf Extrovertiertheit schließen lässt.

III. Quadrant: Außen-Du

Personen mit einer solchen Sonnenposition wirken oft fröhlich bis zur Unbesonnenheit. Auf Impulse von außen reagieren sie schnell. Anregungen von Andern für Aktivitäten können sie gut aufnehmen und mit der ihnen eigenen Energie realisieren.

Sie sind in der Lage, nicht nur aus eigenem Erleben zu lernen, sondern auch Erfahrungen ihrer Mitmenschen in ihre Verhaltensmuster zu übernehmen. Dies geschieht teilweise sogar unbewusst über die Wahrnehmung von Emotionen. Dabei orientieren sie sich eher an traditionellen Vorstellungen.

Häufig lernen sie gern und viel bis ins hohe Alter.

Als prominentes Beispiel kann die Volksschauspielerin Heidi Kabel angeführt werden. Obwohl seit 1932 auf der Theaterbühne, wurde sie erst ab den 50er Jahren deutschlandweit bekannt, als die Stücke, in denen sie spielte, vom Fernsehen übertragen wurden. Im Ohnsorg-Theater, an dem sie 66 Jahre lang engagiert war, wird ein Hamburger Platt (niederdeutscher Dialekt) gepflegt. Für die Fernsehübertragungen mussten alle Akteure jedoch in „Missingsch" agieren, um überall verstanden zu werden. Die Schauspielerin stellte ihre Figuren auf der Bühne in beiden Sprachen überzeugend dar. Ihre besondere Fähigkeit war es, in die Rollen der von ihr dargestellten „Typen" so vollständig zu schlüpfen, dass man glaubte, sie habe selbst die dargestellten Eigenheiten. Sie sang und spielte bis über ihr 80. Lebensjahr hinaus und übernahm sogar mit 90 noch eine kleine Fernsehrolle.

Die Filmstars Demi Moore und Bo Derek haben eine vergleichbare Sonnenstellung.

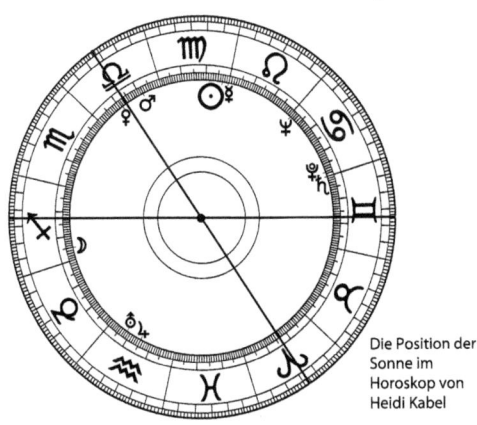

Die Position der Sonne im Horoskop von Heidi Kabel

Extrovertierte Personen sind typischerweise aktiv, gesellig und gern unter Menschen. Sie lieben Gesellschaft, ob bei der Arbeit oder im Privatleben. Zudem sind sie zumeist herzlich, fröhlich und generell recht abenteuerlustig. Extrovertierte haben oft auch eine eher dominante Seite, die für sie besonders in der Arbeitswelt häufig von Vorteil ist. Sie setzen sich in der Regel gut durch und bestimmen, was zu tun ist.

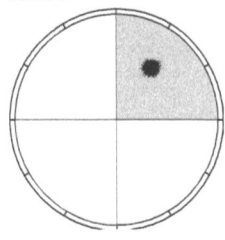

Kabel, Heidi, geb. 27.8.1914 um 15:00 Uhr MEZ in Hamburg, 53n33, 9e59

Missingsch ist eine Mischsprache zwischen den niederdeutschen Dialekten und dem Hochdeutschen. Typische Merkmale sind die Beibehaltung des niederdeutschen Satzbaus und volkstümliche Lehnübersetzungen niederdeutscher Wendungen ins Hochdeutsche.

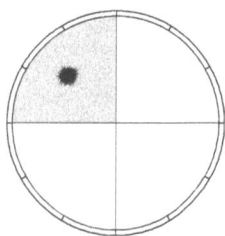

IV. Quadrant: Außen-Ich

Menschen mit einer solchen Sonnenposition glänzen oft mit einer planvollen und zielgerichteten Lebensgestaltung. Sie können sich gut auf die Normen der Öffentlichkeit einstellen. Trotzdem verfolgen sie eigene Absichten geschickt und haben damit Erfolg.

Sie entwickeln gern individuelle Vorstellungen, bringen aber doch Ehrgeiz und sachliche Gegebenheiten miteinander in Einklang. Von einem einmal eingeschlagenen Weg sind sie nicht leicht abzubringen. Allerdings sind sie selten geneigt, Erfahrungen und Ratschläge Anderer aufzunehmen. Durch Rückschläge aus diesem Grund lassen sie sich aber nicht vom einmal eingeschlagenen Weg abbringen.

Wenn sie sich kreativ betätigen, sind ihnen persönliche Individualität und Einzigartigkeit sehr wichtig.

Jill Sander, geb. 27.11.1932 um 10Uhr MEZ, Wesselburen 8e56 54n13

Als prominentes Beispiel soll hier die Modeschöpferin und Geschäftsfrau Jil Sander dienen, auf ihrem Gebiet die einzige international renommierte Deutsche. Bereits mit 25 Jahren gründete sie ihre Firma. Trotz erheblicher Anfangsschwierigkeiten führte sie „Jil Sander" zu einer internationalen Marke. Obwohl sich ihr ursprüngliches Vorhaben ‚gutes Design für wenig Geld' nicht durchführen ließ, arbeitete sie unbeirrt weiter. Entgegen dem damaligen internationalen Trend schuf sie eine minimalistische, sachliche Mode. Daneben vermarktete sie noch eine Parfüm-Linie unter ihrem eigenen Namen und mit dem eigenen Bild als Markenzeichen. So begründete sie den sachlichen Stil, der heutzutage „Karrierefrauen" zugeordnet wird.

Ihre gleichgeschlechtliche sexuelle Orientierung hielt sie lange geheim, da sie in ihrer Generation noch als Makel und Tabu galt.

Eine vergleichbare Sonnenposition haben die Politikerinnen Élisabeth Borne und Birgitta Jónsdottir.

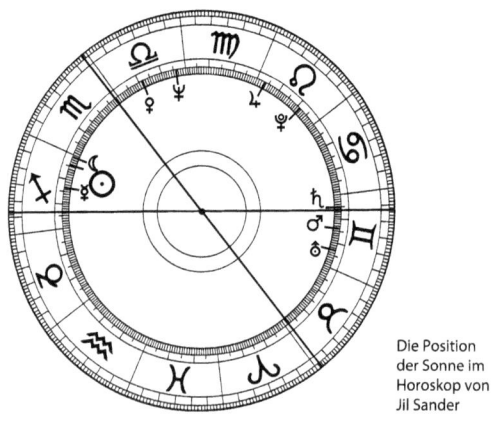

Die Position der Sonne im Horoskop von Jil Sander

Sonne an den Achsen

Am Aszendenten

> ## Ich bin die Person, die ich darstelle.

Der Aszendent wird in der Astrologie als der Punkt gedeutet, an dem die Nativität in die Realität tritt. Dies gilt sowohl wörtlich – der Aszendent als Punkt der Geburt, als auch im übertragenen Sinn.

Bei einem Menschen zeigt das Aszendentenzeichen die Art und Weise, wie sich jemand in der Öffentlichkeit zeigt. Es ist quasi das Rollenmuster für sein Auftreten nach außen. Dazu zählt nicht nur die Öffentlichkeit im engeren Sinn, sondern auch die berufliche Umgebung, das Agieren in einem Verein usw. Der Mensch zeigt sich dort so, wie er von Anderen, besonders Fremden und Außenstehenden, wahrgenommen werden möchte.

Wenn nun das Horoskop zeigt, dass die Sonne, das Symbol für das Selbst, und der Aszendent an (fast) der gleichen Stelle stehen, kann man daraus schließen, dass die im Horoskop dargestellte Person tatsächlich nach außen eine Rolle spielt, die ihrem Wesenkern entspricht.

In der Psychologie wird ein solches Verhalten als „authentisch" bezeichnet. Tatsächlich sollte man in diesem Fall jedoch von Personen reden, denen es besonders leicht fällt, Authentizität auszustrahlen. Sie sind das, was sie nach außen zeigen. Gleichzeitig birgt ein solches Verhalten natürlich auch Gefahren für den jeweiligen Menschen: Das innere Wesen ist offen sichtbar, was häufig mit einer größeren Verletzlichkeit einhergeht. Kritik am Verhalten ist Kritik am Selbst. Das ist nicht einfach zu ertragen.

Authentizität
Handlungen entspringen dem eigenen Selbst und werden nicht von äußeren Einflüssen bestimmt. Weiterhin schließt es ein, dieses wahre Selbst in sozialen Beziehungen offen zeigen zu wollen. Authentizität schließt nicht aus, dass man sich in versch. sozialen Rollen unterschiedlich verhält. ...

Kontroversen bestehen darüber, ob Authentizität per se ein pos. Konstrukt ist oder ob auch neg. und pathologische Verhaltensweisen authentisch sein können. (Auszug)

https://dorsch.hogrefe.com/stichwort/authentizitaet

Eine als authentisch bezeichnete Person wirkt in ihrem Handeln besonders echt. Oft strahlt sie aus, dass sie zu sich selbst mit allen Stärken und

---

Person

entlehnt aus *lat.* persona „Maske des Schauspielers; Rolle, die durch diese Maske dargestellt wird; Charakterrolle; Charakter; Mensch, Person, ..."

(Duden Herkunftswörterbuch)

Das Tierkreiszeichen bestimmt die Art und Weise, wie etwas geschieht oder wie gehandelt wird. Das gilt auch für die durch den Aszendenten symbolisierten Verhaltensweisen.
In Anlehnung an Mertz, S. 15ff, Deutungsstichworte dazu:

Widder:
Aufbruchsorientiert

Stier:
Sicherungsorientiert

Zwillinge:
Informationsorientiert

Krebs:
Versorgungsorientiert

Löwe: Selbstdarstellungsorientiert

Jungfrau:
Nützlichkeitsorientiert

Waage:
Begegnungsorientiert

Skorpion:
Ideenorientiert

Schütze:
Überlegenheitsorientiert

Steinbock:
Aufstiegsorientiert

Wassermann:
Ausgleichsorientiert

Fische:
Wandlungsorientiert

Schwächen steht und im Einklang mit sich selbst handelt. Das von ihr vermittelte Bild wird beim Betrachter als ehrlich, stimmig, ungekünstelt, spontan aus dem Inneren kommend wahrgenommen.

Zur Illustration drei Prominente mit der Konstellation „Sonne am Aszendenten:

Marie Fredriksson
geb. 30. Mai 1958 um
2:38h GMT
Össjö, Schweden,
56n14, 13e02

Pianistin, Komponistin
und Sängerin u. a. der
Gruppe Roxette

Im Geburtshoroskop von **Marie Frederiksson**, der 2019 verstorbenen Sängerin des erfolgreichen schwedischen Pop-Duos „Roxette", steht die Sonne in enger Konjunktion mit ihrem Zwillingsaszendenten.

Bei ihren Auftritten fiel die studierte Musikerin durch eine überwältigende Bühnenpräsenz auf. Im Gegensatz zu vielen anderen Frauen im Musikgeschäft stellte sie nie weibliche Reize bei ihren Auftritten in den Vordergrund, sondern bevorzugte eine fast androgyne Darstellung in Lederkleidung. In den letzten Jahren war ihre als eher unweiblich bezeichnete Streichholzfrisur ihr Markenzeichen. Damit stellte sie deutlich sich selbst dar, jenseits aller modischen Trends.

Außer den Auftritten und Produktionen von Roxette veröffentlichte sie zehn eigene Alben mit selbstgeschriebenen Songs (meist schwedisch), für die sie auch als beste Sängerin Schwedens ausgezeichnet wurde.

Ihr Wesenskern war die Liebe zur Musik und mit ihrer musikalischen Darbietung überragte sie alle Anderen auf der Bühne.

Andy Warhol
Geburtsname:
Andrew Warhola

geb. 6. August 1928,
10:30GMT
Pittsburgh, Pennsylvania,
USA 40n26, 80w0

Experimenteller
Pop-Art- Künstler und
Filmemacher

„Wer alles über **Andy Warhol** wissen will, braucht nur die Oberfläche anzusehen, die meiner Bilder und Filme und von mir, und das bin ich. Da ist nichts dahinter."

Andy Warhol nach Sabin, S. 84.

Besser als Warhol selbst hätte man die Bedeutung seiner Sonnenposition mit weniger als 1° am Löwe-Aszendenten nicht ausdrücken können. Entgegen allen Trends der Zeit war der Künstler immer er selbst, ließ sich weder von ‚Trends' noch von Kritik beeinflussen. Ursprünglich Grafiker und Illustrator für Mode-, Hochglanz- und Lifestylemagazine arbeitete er als freier Künstler, Filmemacher und Verleger.

Seine gestalterischen Ideen legten den Grundstein für eine ganze künstlerische Bewegung. Trotz einer krankheitsbedingten Pigmentstörung, die ihn wie einen Albino aussehen ließ, scheute er nicht die Öffentlichkeit.

Er gilt als Mitbegründer und prominentester Vertreter der amerikanischen POP-Art des 20. Jahrhunderts.

Dalai Lama (XIV.) ist kein Name, sondern eine Amtsbezeichnung. Die Person, die diesen Titel trägt gilt im tibetanischen Buddhismus als Wiedergeburt des vorherigen Dalai Lama. In dieser Reihe ist er automatisch Staatsoberhaupt der Tibeter und ihr spiritueller Führer.

Im Horoskop des jetzigen Dalai Lamas steht die Sonne in enger Konjunktion zu seinem Krebsaszendenten. Das bedeutet, dass die Rolle, die er nach außen spielt direkt mit seinem Wesenskern verknüpft ist. Das zeigt sich in seinem Lebenswerk. Er sah es als seine wichtigste Aufgabe an, sein Volk vor der Auslöschung durch China zu bewahren, obwohl durchaus eine Reihe einflussreicher Tibeter einen Freiheitskampf vorgezogen hätten. Der durch diese 1959 angezettelter Aufstand beendete eine friedliche Autonomie und mündete in der Verbannung der tibetischen Regierung ins Exil.

Seitdem residiert er im nordindischen Dharamsala. Seit 2011 hat er auf eigenen Wunsch keine politische Verantworrtung mehr.

Dalai Lama XIV
Geburtsname:
Lhamo Döndrub

Bürgerlicher Name:
Tenzin Gyatso

geb. 6. Juli 1935
um 04:38 Ortszeit
(5.7., 21:50:32 GMT)
Taktser (Xizang Z. Tibet),
China, 36n23, 101e52

Spiritueller Führer der
Tibeter

Eine vergleichbare Stellung der Sonne im Horoskop haben (in Klammern das jeweilige Sonnenzeichen):
- Linda Goodmann (Widder),
- Joschka Fischer (Widder),
- Peter Zadek (Stier),
- Orhan Pamuk (Zwillige),
- Alfred Biolek (Krebs),
- Sarah Brightman (Löwe),
- Jürgen Klinsmann (Löwe),
- Leonard Cohen (Jungfrau),
- Niki de Saint-Phalle (Skorpion),
- Alice Schwarzer (Schütze),
- John Legend (Steinbock),
- Gerhard Richter (Wassermann),
- Karl Dall (Wassermann),
- Lorin Maazel (Fische),
- Kate Bornstein (Fische).

Tatsächlich trifft eine solche Konstellation nur auf wenige Menschen zu. Hinzu kommt natürlich im Kontext des gesamten Horoskops wie die Sonne insgesamt gestellt ist und wie ihre beiden „Botschafter" Merkur und Venus platziert sind. (s. Goos, Götter am Himmel). Die genannten Beispiele mögen jedoch gleich einem Brennglas zeigen, wie Stärken und Schwächen zutage treten, wenn das Selbst nicht hinter einer Rolle verborgen wird, sondern ungeschminkt nach außen gezeigt wird.

Das bedeutet jedoch nicht, dass Menschen mit einer anderen Sonnenposition keine Authentizität zeigen könnten. Sie müssen es jedoch bewusst tun, möglicherweise nach Hinweisen eines Astrologen.

Ich bin die Person, wie sie Anderen begegnet.

Empathie

[von gr. ἐμπάθεια (empatheia) Leidenschaft, intensives Gefühl], ist das affektive Nachempfinden der vermuteten Emotion eines anderen Lebewesens auf Basis des kognitiven Verstehens dieser Emotion und bei Aufrechterhaltung der Selbst-Andere-Differenzierung. ... Selbst-Andere-Differenzierung besteht, wenn die Empathie auslösende Emotion des Gegenübers bewusst als diesem Anderen zugehörig und nicht als genuin eigene Emotion erlebt wird.

https://dorsch.hogrefe.com/stichwort/empathie

Wenn man den Aszendenten als Ich-Punkt bezeichnet, dann ist der Deszendent der Du-Punkt. Andere Stichworte sind: Begegnungspunkt oder Partnerschaftspunkt. Seine Position im Horoskop eines Menschen zeigt, wie die Person auf Einflüsse von außen reagiert, bei Begegnungen mit anderen Menschen, als auch dem Erleben von Ereignissen. Der Deszendent symbolisiert dabei die Fähigkeit, diese zu verarbeiten und in den Wesenskern zu integrieren. Bei den meisten Menschen geschieht dies automatisch: In der Psychologie wird in diesem Zusammenhang von Empathie gesprochen.

Wenn nun die Sonne, also der Wesenskern, mit dem Deszendenten in unmittelbarer Verbindung steht, bedeutet das, dass das eigentliche Selbst allen Eindrücken, Forderungen und Erlebnissen unmittelbar ausgesetzt ist. Dies kann durchaus als Gefahr für die eigene Autonomie erlebt werden. Deshalb neigen Menschen mit einer solchen Konstellation dazu, sich äußere Rollen zuzulegen, die gänzlich unauthentisch wirken. Häufig bedienen sie sich dabei vermeintlichen Vorstellungen Anderer oder zeigen sich, wie sie meinen, dass Andere sie sehen wollen.

Wenn sie es jedoch schaffen, den eigenen Lebenskern mit den von außen kommenen Impulsen zu verbinden, können sie besonders Wertvolles schaffen, was weniger reaktiven Personen nicht gelingt. Sie sind dabei nicht unauthentisch. Sie verwirklichen ihr Selbst im Reagieren auf Andere mitunter bis zur scheinbaren Selbstaufgabe. Aber damit entsprechen sie den Anforderung ihres Wesenskerns. Was nach außen wie Selbstaufgabe wirkt, ist tatsächlich ihre Form von Selbstverwirklichung.

Zur Illustration drei Prominente mit der Konstellation „Sonne am Desszendenten:

Der Arzt **Sigmund Freud** gilt als Begründer der Psychoanalyse. In seinem Horoskop steht die Sonne in Konjunktion mit seinem Stier-Aszendenten. Betrachtet man sein Lebenswerk genau, so fällt auf, dass er nicht eine vorgefasste Wissenschaftsmeinung zum Ausgangspunkt seiner medizinischen (psychiatrischen) Behandlungen machte, sondern in hohem Maß die Eindrücke verarbeitete, die er von seinen Patienten und Patientinnen selbst erhielt. Dies brachte ihn nicht nur einmal in Widerspruch zu seinen Kollegen.

Sigmund Freud
geb. 6. Mai 1856,
17:32 GMT
Příbor (Freiberg),
Moravskoslezský kraj,
Tschechien, 49n39, 18e10
Begründer der
Psychoanalyse

Auch er selbst veränderte unter den Behandlungsergebnissen seine Methoden immer wieder. Auch wenn mit seinen „Vorlesungen zur Einführung in die Psychoanalyse" von 1917 ein gewisser Endpunkt erreicht war, feilte er unter dem Eindruck praktischer Erfahrungen weiter an den Behandlungstechniken. Berühmt ist die „Couch" des Psychoanalytikers, auf der eine Patientin oder ein Patient ruhend Wichtiges berichtete. Im Freud'schen System war es nicht die (vorgefasste) Auffassung des Arztes, die das medizinische Vorgehen bestimmte, sondern Befindlichkeit und Erinnerungen der zu Behandelnden.

Auf diese Weise realisiert sich offensichtlich die in Freuds Horoskop angezeigte Verbindung von Wesenkern und Reaktivität.

Im Horoskop des Grafikets und Schriftstellers **Tomi Ungerer** steht die Sonne in enger Konjunktion zum Schütze-Aszendenten. Die auf ihn einstürmenden Eindrücke verarbeitete in seiner Arbeit: »Ich bin ein Aufzeichner. Ich zeichne, was ich aufschreibe, und ich schreibe auf, was ich zeichne, um einen Gedanken klar, kurz und bündig auszudrücken«, so Tomi Ungerer. Dabei war er rastlos, ständig in Arbeit und Verarbeitung seiner Eindrücke engagiert. Sein Werk umfasst mehr als 150 Kinderbücher, 30 Bücher für Erwachsene und eine Unzahl von Grafiken. Ein Teil seines Schaffens (8000 Zeichnungen, 2000 Plakate, Grafiken usw.) befindet sich im Tomi-Ungerer-Museum in Straßburg.

Der Künstler hat es offensichtlich geschafft, das, was aus der Welt auf ihn zu kam, zu sublimieren und daraus eigene Werke zu schaffen. Sein Wesenskern scheint aus vielen hindurch z. B. in der Wahl der Tiere für seine Kinderbücher: die gute Schlange, der hilfreiche Tintenfisch, die farbige Fledermaus u.v.m.

Tomi Ungerer

Geburtsname: Jean-Thomas Théodore Ungerer
geb. 28. November 1931, 15:30 GMT
Straßburg, Frankreich, 48n35, 7e45

Kinderbuchillustrator und Autor

Im Horoskop der Künstlerin **Nina Hagen** steht die Sonne in weniger als 4° Entfernung vom Fische-Deszendenten. Bei Auftritten in der Öffentlichkeit präsentiert sie sich gern als schrille Kunstfigur mit gewollt übertriebener Farbigkeit in Aufmachung und Kleidung. Einerseits bedient sie damit an POP-Künstler herangetragenen Vorurteile, andererseits demonstriert sie in verkleideter Form ihr ureigenes Wesen. Thomas Nöske schreibt im Magazin von gebrauchtemusik.de über sie:

Nina Hagen
geb. 11. März 1955, 16:30 GMT, Berlin, Deutschland, 52n29, 13e21
Popsängerin

> „Eigentlich muß man Nina Hagen für voll nehmen, weil für halb keine zweite Hälfte bekannt ist und sie für Nichts deutlich zuviel ist. Die Unterscheidung von Masche und Echt macht sie hinfällig."

Auf diese Art und Weise wurde sie zu einer (eher international) anerkannten Sängerin, Schriftstellerin und Synchronsprecherin. Bekannt ist, dass sie z. B. in Talkshows durchaus unhöflich gegenüber Kolleginnen und Kollegen agiert, die ihr „unecht" erscheinen.

Als Gegensatz zur Empathie ist **Ekpathie** zu verstehen, bewusste Abgrenzung gegen gefühlsmäßige Inanspruchnahme.

Menschen mit Sonne am Deszendenten ist zu empfehlen, sich auch immer wieder abzugrenzen, da sie sich sonst leicht überfordern.

Eine vergleichbare Stellung „Sonne am Deszendenten" im Horoskop haben (Sonnenzeichen in Klammern):

- König Willem-Alexander der Niederlande (Stier),
- Ingeborg Bachmann (Krebs),
- Karl Gustav Jung (Löwe),
- John Lennon (Waage),
- Billy Idol (Schütze),
- Bhagwan Shree Rajneesh (Schütze),
- Mel Gibson (Steinbock),
- Marie Luise Kaschnitz (Wassermann),
- Barbara Hand Clow (Wassermann),
- Thomas Anders alias Bernd Weidung (Fische).

Am Medium Coeli

> # Ich bin die Person, die mit ihren Zielen identisch ist.

In den modernen Industriegesellschaften ist der Beruf als Grundlage für die wirtschaftliche und soziale Existenz nicht wegzudenken. Man kann sich entscheiden, ohne Partner zu leben, man kann in einem Wohnwagen statt eines festen Hauses leben.

Aber kaum jemand wählt ein Leben ohne Beruf und oft ist eine solche Lebensform nicht freiwillig.

Der Beruf ist hierzulande quasi die Eintrittskarte in die Gesellschaft.

Das Medium Coeli (MC) symbolisiert das Lebensziel in der sozialen Gemeinschaft, die angestrebte Stellung. Diese ist in der Regel vom Broterwerb abhängig; deshalb gilt das MC heutzutage häufig als Signifikator für den Beruf.

Seit Beginn der Industrialisierung, der Entstehung vieler spezialisierter Berufe, dem Lohnarbeitertum und der Idee einer Berufswahl nach Neigung oder Eignung verlangt der Lebensweg eine schwerwiegende Entscheidung für eine bestimmte Tätigkeit als wirtschaftliche Grundlage des Lebens. Diese Entscheidung begründet gleichzeitig auch das Maß der Selbstverwirklichung und des sozialen Ansehens.

Goos, Lexikon der astrologischen Zuordnungen, Band 4, S. 3

Wenn in einem Geburtshoroskop die Sonne in Konjunktion mit dem MC steht, bedeutet das, dass die angestrebte soziale Stellung gleichzeitig der Selbstverwirklichung dient, also direkt mit dem Wesenskern verbunden ist. Solche Menschen werden oft als besonders ehrgeizig beschrieben, aber sie verfolgen nur die Verwirklichung ihres ureigenen Wesens.

Ihre soziale Position verkörpert gleichzeitig ihr Selbst, sie stellen auch im sozialen Kontext keine Rolle dar. Ob dies gelungen ist, zeigt sich jedoch häufig erst im fortgeschrittenen Alter.

Dazu entsprechende prominente Beispiele:

Im Horoskop von **Leonard Bernstein** stehen MC und Sonne in Konjunktion in der Jungfrau. Er war ein sehr erfolgreicher Pianist, Komponist und weltweit geschätzter Dirigent. Neben seinen klassischen Werken ist die Musik zu dem Musical und Film West Side Story das wohl bekannteste seiner Werke für das breite Publikum.

Erst nach einer längeren Auseinandersetzung mit seinem Vater durfte er seinen Berufswunsch, Pianist, verwirklichen. Begabung, Fleiß und Ehrgeiz waren jedoch so groß, dass er am Ende weltweit berühmt und geschätzt wurde.

Das im Tierkreiszeichen Jungfrau wirkende Nützlichkeitsbedürfnis lebte er aus, indem er über 14 Jahre hinweg in insgesamt 53 „Konzerten für junge Leute" zusammen mit dem New Yorker Philharmonieorchester klassische Musik darstellte und ihre Elemente erläuterte.

Das Musical „1600 Pennsylvania Avenue (1976)", das leider kein Erfolg war, prangert falschen Patriotismus und versteckten Rassismus in den USA an und war damit seiner Zeit weit voraus.

Leonard Bernstein
Geburtsname: Louis Bernstein

geb. 25. August 1918, 17:00 GMT, Lawrence, Massachusetts, USA, 42n42, 71w10

† 14. Oktober 1990

Im Geburtshoroskop des Komponisten und Musikmanagers **Ralph Siegel** steht die Waage-Sonne in enger Konjunktion mit dem MC. Sein Ehrgeiz ist unübersehbar. Seit 1974 war er als Komponist und Mitorganisator beim „Grand Prix Eurovision de la Chanson" (heute: Eurovision Song Contest) aktiv. Es handelte sich ursprünglich um einen Wettbewerb für Komponisten, Textdichter und Songwriter. Siegel nahm daran mit 24 Kompositionen teil. Auch fungierte er einmal als Produzent.

Da in den deutschen Vorentscheidungen auch andere Komponisten bevorzugt wurden, schrieb er für Künstler z. B. aus Luxemburg und San Marino. Die Teilnahmen an dieser europaweiten Großveranstaltung waren offensichtlich Höhepunkte in seinem Leben: Dort verwirklichte er sich selbst.

Daneben komponierte er für viele in- und ausländische Schlagerstars, arbeitete an Fernsehproduktionen mit und schrieb ein Musical „Zeppelin", das am 16. Oktober 2021 uraufgeführt wurde.

Ralph Siegel
geb. 30. September 1945, 11:00 GMT
München, Deutschland, 48n08, 11e34

Im Horoskop von **Martin Luther King** steht die Sonne in Konjunktion zu seinem Steinbock-Aszendenten. Von frühester Jugend an erlebte er hautnah die Rassendiskriminierung in den USA. Trotz anderer Angebote wurde er zunächst Pastor an einer Baptistenkirche in Montgomery (Alabama). Aber bereits ein Jahr danach begann er sich in der Antirassismusbewegung zu engagieren.

In Anlehnung an Mahatma Gandhi propagierte er den gewaltlosen Widerstand. Trotzdem wurde er insgesamt 29mal von der Polizei festgenommen.

Martin Luther King
geb. 15. Januar 1929, 18:00 GMT
Atlanta, Georgia, USA, 33n45, 84w23

† 4. April 1968

Im Jahr 1960 kündigte er seine Pastorenstelle und war in der Folge nur noch für die Bewegung für gleiche Rechte aller Hautfarben (u. a. Southern Christian Leadership Conference, SCLC) tätig. Dafür erhielt er 1964 den Friedensnobelpreis. Er wurde zum Anführer, zur Ikone und nach seinem Tod durch ein Attentat zum Märtyrer der Bürgerrechtsbewegung.

Eine vergleichbare Konstellation im Horoskop haben

- Judy Collins (Stier),
- Hans Blumenberg (Krebs),
- Linda M. Goodwin (Krebs),
- Liz Greene (Jungfrau),
- Max Verstappen (Waage),
- Billie Eilish (Schütze).

Stundenhoroskope werden nicht auf Zeit und Ort einer echten oder symbolischen Geburt von etwas Neuem erstellt, sondern auf einen bestimmten Ereignismoment.

So kann man z. B. aus dem Moment, als man eine Stellenannonce gesehen hat, ermitteln, ob man Aussichten hat die Stelle zu bekommen.

Eine besondere Rolle spielt die Sonne am MC für nicht-menschliche Horoskopeigner:

- Bei Firmen- oder Vereinshoroskopen zeigt die Sonne am MC, dass das Unternehmen besonders erfolgreich sein wird. Auch hier ist die Verbindung zum Besitzer (Chef) oder Vorsitzenden ein wichtiges Moment.
- Bei Ereignishoroskopen wirkt sich diese Konstellation besonders aus, wenn Angelegenheiten des Tierkreiszeichens Löwe betroffen sind.

Elektionen sind Zukunftshoroskope, die dazu dienen, den günstigsten Zeitpunkt für eine Handlung zu ermitteln, z. B. eine Operation oder eine Stellenbewerbung.

Bei Stundenhoroskopen und Elektionen zeigt das MC zwar prinzipiell den Ausgang der Angelegenheit an. Wie der sich gestaltet, ist am jeweiligen Tierkreiszeichen ablesbar. Die Sonne am MC mag möglicherweise als Verstärker wirken, ist aber tatsächlich nur maßgeblich, wenn Angelegenheiten des Tierkreiszeichens Löwe betroffen sind.

Am Immum Coeli

> ## Ich bin die Person, die mit ihren Wurzeln verbunden ist.

Während es bei der Horizontalachse AS-DC um die Rollen geht, mit denen sich eine Person selbst öffentlich bzw. privat darstellt, findet sich in der Vertikalachse die Einordnung in die Gemeinschaft – das IC (die Himmelstiefe) symbolisiert die „Wurzeln", Ahnenreihe und Familie, das MC (Himmelsmitte) das „Ziel", die gesellschaftliche Position.

Wer ein angestrebtes Lebensziel erreichen will, muss sich mit den eigenen Wurzeln auseinandersetzen. Bereits auf S. 37 wurde das IC mit dem I Ging-Symbol „Der Brunnen" verglichen. Menschen, die sich bewusst gemacht haben, wo sie her kommen, können aus dieser Erkenntnis wie aus einem Brunnen schöpfen und Kraft für den eigenen Lebensweg gewinnen. Dies gilt natürlich für alle Menschen.

Die Beispiele von Prominenten, die hier aufgeführt sind, zeigen diese Haltung jedoch in besonders ausgeprägter Form. Das hängt damit zusammen, dass ihr inneres Selbst direkt mit dem Symbol der Herkunft verbunden ist, was im Horoskop durch die Position der Sonne am IC angezeigt wird. Dadurch gehört ein solches Verhalten zur eigenen Authentizität.

Die Anbindung an eine unerkannte oder unakzeptierte Vergangenheit kann jedoch die Fixierung eines unbewussten Handlungsmuster zur Folge habe oder ein automatisches Festhalten an überkommenen Verhaltenswei-sen. Wer sich aber zu seiner Herkunft bekennt, kann daraus auch Kraft und Anregung für die Erreichung der Lebensziele gewinnen.

Zur Illustration hier positive Beispiele von Prominenten:

Im Geburtsbild des Dichters **Rainer Maria Rilke** steht die Sonne beinahe sekundengenau am IC. Dabei ist sie weiter unaspektiert, d.h. sie hat keine Winkelverbindung zu einem anderen astrologischen Symbol. Dies lässt sich als eine starke Anbindung an die Vergangenheit deuten, die sich durchaus in Rilkes Werk spiegelt.

Obwohl er als Vertreter der modernen Dinglyrik zur damaligen Zeit als progressiv galt, sind gerade seine Rückgriffe auf frühere Lyrikformen in den Stundenbüchern und den Duineser Elegien besonders machtvolle Werke.

> Doch wie ich mich auch in mich selber neige:
> Mein Gott ist dunkel und wie ein Gewebe
> von hundert Wurzeln, welche schweigsam trinken.
> Nur, daß ich mich aus seiner Wärme hebe,
> mehr weiß ich nicht, weil alle meine Zweige
> tief unten ruhn und nur im Winde winken.
>
> Das Stundenbuch, Vom mönchischen Leben

Lennart Graf Bernadotte ist ein Enkel des schwedischen Königs Gustav V., trat aber 1932 aus dem Königshaus aus. In seinem Horoskop steht die Sonne auf 12 Bogenminuten genau am IC im Stier.

Nach seiner Abdankung übernahm er die von seinem Vorfahren geerbte Insel Mainau im Bodensee. Diese war verwildert und ungepflegt. Im Lauf der Jahre machte er daraus ein in der ganzen Welt bekanntes Blumenparadies.

Wenn wir am Immum Coeli ein verborgenes problematisches Bild von uns selbst und der Welt haben, können wir das Potenzial, das in unserem übrigen Horoskop enthalten ist, auch nur eingeschränkt nutzen.

Brigitte Hamann

Rainer Maria Rilke
Geburtsname: Rene Karl Wilhelm Johann Josef Maria Rilke
geb. 3. Dezember 1875, 22:52 GMT, Prag, Tschechische Republik, 50n05, 14e26

† 29.12.1926

Unter „Dinglyrik" versteht man Dichtungen über einen Gegenstand, z. B. ein Karussel, einen Brunnen usw.

Lennart Bernadotte
geb. 8. Mai 1909, 22:45 GMT
Stockholm, Schweden, 59n20, 18e03

† 21.12.2004

Bis heute besuchen jedes Jahr viele Menschen die traumhaft schönen Anlagen. Möglicherweise ist diese Engagement „geerbt". In der Autobiografie seiner Vorfahrin Desirée Clary von Annemarie Selinko, wird eher beiläufig berichtet, dass diese bei jedem Haus, das sie im Lauf ihres Lebens bezog, einen Garten anlegte, Rosen besonders liebte und teilweise eigenhändig pflegte. Leider lässt sich dies nicht mehr verifizieren, passte aber zu dem hier dargestellten Gesamtzusammenhang.

Nach seinem Tod wurde Bernadottes Erbe von einer Stiftung unter der Leitung seiner Kinder fortgeführt.

Nicholas Campion
geb. 4. März 1953,
00:10 GMT

Bristol, England,
51n27, 2w35

An der "University of Wales Trinity Saint David" kann man bei ausreichend Englisch-Kenntnissen sowohl ein Bachelor- als auch ein Masterstudium in Astrologie absolvieren.

Im Horoskop des britischen Astrologen und Universitätslehrers **Nicholas Campion** steht die Fische-Sonne in Konjunktion zum IC mit einer harmonischen Verbindung (Trigon) zum Astrologie-Planeten Uranus im Krebs.

Die Verbindung von Geschichte und Astrologie, die seinen Lebensweg begleitete, ist also hier schon angezeigt. Nach Abschluss eines Geschichtsstudiums an der Universität Cambridge 1975 begann er als Astrologe zu arbeiten. Seitdem hat er immer wieder eine akademische Karriere verfolgt und mit Aktivitäten zugunsten der Astrologie verbunden. Ihm ist zu verdanken, dass mit dem „Sophia Centre for the Study of Cosmology in Culture", an der University of Wales Trinity Saint David in Westeuropa die erste universitäre Studienstätte für Astrologie in der Neuzeit entstanden ist. Er fungiert dort als Leiter der Masterkurse. In seiner Laufbahn hat er eine Reihe von Büchern zur Geschichte der Astrologie veröffentlicht.

Eine vergleichbare Position der Sonne im Horoskop haben:
- James Last (Widder),
- Burt Bacharach (Stier),
- Donald Tusk (Stier),
- Steve Gibb (Schütze),
- Hape Kerkeling (Steinbock),
- Anton Tschechow (Wassermann).

Thomas Ring, deutscher Astrologe, geboren am 28.11.1892 um 18.02 Uhr in Nürnberg.
† 24.8.1983.
Er prägte die Öffnung der Astrologie für moderne psychologische Einflüsse entscheidend mit.

Zum Abschluss dieses Abschnitts noch ein Zitat des Astrologen Thomas Ring:

Der Mensch braucht in jeder Lage wenigstens einen Ausblick aus seiner Bedrängnis, eine Hoffnung. Verheerend wirkt die hingesagte Äußerung, mit dem Tode sei alles aus. Allerdings, wenn man das zu Erhoffende aussen sucht, blickt zu Zeiten die Zukunft düster her. Anders wenn es um den Sinn geht. Der Sinn erschliesst sich innen, und darin – eine meiner Hauptthesen – hat es jeder gleich nahe zu seinem Bestmöglichen.

Astrodienst Adventskalender 2.12.2022

Sonne an den Achsen in Staatshoroskopen

Für die astrologische Beurteilung von politischen Vorgängen (sog. Mundan-astrologie) werden häufig Staatshoroskope herangezogen, Dies beruht auf der Ansicht, dass ein Staat eine definierbare Einheit mit einem Entstehungsort und -zeitpunkt ist. Für ein derartiges Gebilde kann man ein Horoskop erstellen.

Im Falle von Staaten ist dies jedoch nur für in der Neuzeit entstandene zweifelsfrei möglich. Historische Entwicklungen, wie sie z. B. die europäischen Länder durchlaufen haben, produzieren eine Serie von „Gründungshoroskopen" und die Auswahl, welches nun für die heutige Zeit gültig ist, kann durchaus schwierig sein. Deshalb sind in der folgenden Auswahl nur relativ junge Staaten enthalten.

Eine Auswahl von Staaten mit dieser Sonnenposition:

- Sonne am Aszendenten:
  Jungfrau: Bulgarien (1944), Äthiopien (1974)
  Steinbock: Saudi-Arabien (1902)
  Wassermann: Australien (1788)
- Sonne am Deszendenten
  Krebs: Slowenien (1991)
  Schütze: Finnland (1917)
- Sonne am MC
  Widder: Luxemburg (1839)
  Zwillinge: Argentinien (1810), Costa-Rica (1848)
  Löwe: Bolivien (1825), Niederlande (1581), Ukraine (1991)
  Waage: Belgien (1830), Kambodscha (1993)
  Schütze: Albanien (1912), Kolumbien (1819)
  Fische: Bosnien-Herzegowina (1992)
- Sonne am IC
  Widder: Zimbabwe (1980)
  Stier: Togo (1960)
  Zwillinge: Südafrika (1961, 1994)
  Krebs: Afghanistan (1973), Burundi (1962), Zaire (1960),
      Dschibuti (1977), Madagaskar (1960), Malawi (1964)
      Mozambique (1975), Ruanda (1962), Somalia (1960),
  Löwe: Tschad (1960), Elfenbeinküste (1960), Kongo (1980)
      Zentralafrikanische Republik (1960), Burkina-Faso (1960),
  Waage: Botswana (1966), Lesotho (1966), Guinea (1958)
  Skorpion: Angola (1975), Zambia (1964)
  Schütze: Tansania (1961, 1963), Kenia (1963)
  Steinbock: Kamerun ((1960), Neuseeland (1853)
  Fische: Ghana (1957)

„Mundan" ist abgeleitet vom lateinischen MUN-DUS: ‚Welt'.

Außer Politik umfasst die Mundanastrologie noch Wetter und internationales Börsengeschehen.

Die Daten wurden "The Book of World Horoscopes" von Nicholas Campion entnommen

Viele afrikanische Staaten, die nach dem Ende der Kolonialherrschaft errichtet wurden, haben in ihrem Horoskop die Sonne am IC.

Dies liegt einerseits am Zeremoniell: Die staatlich Unabhängigkeit trat in der Regel um Mitternacht eines bestimmten Tages ein und da ist die Sonne astronomisch an ihrem tiefsten Punkt.

Sieht man ein Horoskop aber als symbolische „Lebensaufgabe", so scheinen diese Staaten den besonderen Auftrag zu haben, zu ihren Wurzeln zurückzukehren.

Darstellung einiger Aspekte des astrologischen Symbols „Mond" als Facettenkugel

Der Mond

Das Mondsymbol stellt die Mondsichel dar.
Diese Schale, bestehend aus zwei Halbkreisen,
symbolisiert das empfangende, bewahrende, zu
gegebener Zeit wieder abgebende, abstrahlende Prinzip.

Hürlimann, S. 145

Der Mond ist kein Planet, sondern ein Trabant des Planeten Erde. Damit ist er unser nächster Himmelskörper, sein physikalischer Einfluss ist täglich als Ebbe und Flut zu spüren. Das Licht, das von ihm ausgeht, stammt reflektiert von der Sonne. Entsprechend seiner Bahn um die Erde erscheint immer nur der der Sonne zugewandte Teil als Lichterscheinung am irdischen Himmel. Die sich ergebenden wechselnden „Bilder" werden *Mondphasen* genannt:

Das Wort „Symbol" wird in zwei verschiedenen Bedeutungen verwendet:

- Als grafisches Kürzel, heutzutage oft auch "Logo" genannt. Dies ist in dem Hürlimann-Zitat gemeint (s. S. 27)
- Als Gesamtheit aller Bedeutungen einer astrologischen Einheit.

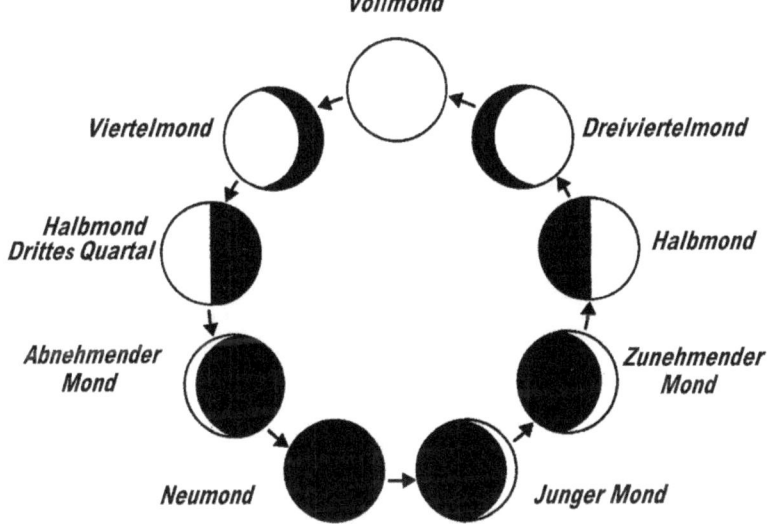

In 27,3 Tagen umrundet der Mond einmal unsere Erde.

Dabei durchwandert er optisch alle Abschnitte der Ekliptik, astrologisch alle Tierkreiszeichen.

Diese astronomischen Gegebenheiten führten dazu, dass dem Mondsymbol das Attribut „veränderlich" auch in der Bedeutung „instabil" beigegeben wurde. Hier entsprechen sich die physikalisch wahrzunehmende Funktion des Mondes als **Reflektor** des Sonnenlichts und die Bedeutung des astrologischen Symbols als **reaktiver** Wesensbestandteil, wie es in obigem Zitat von Gertrud Hürlimann so treffend formuliert ist.

Wie Yin und Yang in der fernöstlichen Kultur ergänzen sich Sonne und Mond in der westlichen Astrologie: Nicht nur der sich selbst verwirklichende Wesenskern, sondern auch die Fähigkeit, Eindrücke und Einwirkungen von außen aufzunehmen, zu integrieren und entsprechend zu reagieren, machen die Gesamtheit einer Persönlichkeit aus.

Im Englischen ist der medizinische Ausdruck für Geistesgestörtheit *lunacy*, psychisch Kranke sind entsprechend *lunatic*.

Abgeleitet ist das Wort vom lateinischen LUNA: Mond.

Taijitu, das Symbol für „individuelles" Yin und Yang

Ein Psychologe schlug vor, statt des Begriffspaars **aktiv-reaktiv** die Ausdrücke **extrovertiert-introvertiert** zu verwenden.

Dies trifft aber die reflektierenden Eigenschaften des Mondsymbols nicht. Es geht nicht nur um Aufnahme von Eindrücken, sondern auch um ihre Zurückspiegelung nach außen.

Zwei Weltfußballer, bei denen ein solches Verhalten auch aus dem Horoskop erkennbar ist:

Aubameyang, Pierre-Emerick

geb. 18. 6. 1989, 5:43 GMT Laval, Franreich, 8n04, 0w46

Ronaldo, Cristiano geb. 5. 2. 1985, 05:25 GMT Funchal, Portugal, 32n38, 16w54

- Die Zielrichtung des Selbst ist von innen nach außen: Sich in seiner ureigensten Art zu verwirklichen.
- Die Zielrichtung des reaktiven Persönlichkeitsanteils ist von außen nach innen: Ankommende Einflüsse und Eindrücke aufzunehmen, zu verarbeiten und entsprechend zu reflektieren.

Die Balance zwischen diesen beiden macht eine harmonische Persönlichkeit aus.

Auch Tiere, Firmen, Staaten, Vereine usw. unterliegen Einflüssen, die von außen an sie herangetragen werden, und müssen angemessene Antworten darauf finden.

In älteren Astrologie-Büchern werden die beiden Eigenschaften des Mondes „Veränderlichkeit" und „Reaktivität" oft „weiblich" genannt, während die Selbstdarstellung des Wesenskerns dann „männlich" sein soll. Dies ist keine astrologisch begründbare Einstufung, sondern beruht auf der Übertragung gesellschaftlicher Ansichten auf die astrologischen Symbole – mehr dazu im Kapitel „Geschlecht von Sonne und Mond". Festzuhalten ist, dass in jedem Geburtshoroskop Sonne und Mond verzeichnet sind und bei jedem, ob Mann oder Frau oder Sonstigem, die durch diese beiden Symbole verkörperten Eigenschaften sich gegenseitig ergänzende Teile des Ganzen beschreiben.

Leider gibt es in der westlichen Tradition für den reaktiven Teil einer Nativität keine so eindeutige Bezeichnung wie für das Selbst. In einigen Astrologiebüchern wird er „Seele" genannt, aber dies ist inzwischen eher ein religiöser als ein psychologischer Begriff. Auch die Optimierung der Reaktivität ist nicht so populär wie die Selbstfindung. Das Ergebnis ist sichtbar in einer Gesellschaft, die mehr Wert auf Individuation legt als auf Gemeinschaftssinn.

Wie wichtig die Balance zwischen aktivem und reaktivem Handeln ist, zeigt sich auch im Sport, besonders den Mannschaftssportarten. Beispielhaft ist dies beim Fußball zu sehen: Nur wenn ein Spieler in der Lage ist, auf seine Mitspieler zu reagieren und dann umzuschalten, wenn sein Agieren gefordert ist, gilt er als guter Spieler. Dass diese Sichtweise inzwischen auch bei der Berichterstattung angekommen ist, wird dadurch deutlich, dass bei herausragenden Spielerleistungen nicht nur die Tore, sondern auch die Anzahl der Vorlagen für Tore Anderer angegeben wird. Dies gilt natürlich auch für Spielerinnen im Frauenfußball.

Auch beim Tischtennis ist der Wechsel von Verteidigung zu Angriff und umgekehrt ein wichtiges Spielmoment. Bei der Verteidigung reagiert der Spieler auf die gegnerischen Bälle; beim Angriff spielt er seine Möglichkeiten aus. Gute Tischtennisspieler und -spielerinnen beherrschen beide Spieltechniken.

Entsprechend der Deutung des Mondsymbols in der Astrologie wird sein Lauf hauptsächlich mit äußeren Einwirkungen in Verbindung gebracht, insbesondere medizinische Eingriffe, Pflanzen im Anbau und praktische Tätigkeiten aller Art.

Vollmond und **Neumond** sind dabei die Eckpunkte. Sie sind unabhängig vom Tierkreis. Bei Vollmond steht die Sonne von der Erde aus gesehen genau gegenüber dem Mond. Bei Neumond stehen Sonne und Mond von der Erde aus gesehen optisch an der gleichen Stelle.

Da es sich aber bei Sonne und Mond um sich bewegende Körper handelt, die nicht an einer Position stillstehen, sind Vollmond und Neumond tatsächlich „Durchgänge", die nicht einen Tag, ja sogar nicht einmal eine Minute dauern. Der Übergang kann zu jeder Tages- und Nachtzeit stattfinden. Die Mondwechsel müssen deshalb immer mit möglichst genauer Uhrzeit beachtet werden.

In dem Moment, indem der Mond „voll" gewesen ist, beginnt die abnehmende Phase. Wenn der Mond in der Nacht gewechselt hat, dann ist also bereits an demselben Tag abnehmender Mond.

Im Moment des Neumonds beginnt die zunehmende Phase. Nach einem nächtlichen Mondwechsel ist bereits derselbe Tag zunehmender Mond. Die Einträge in Kalendern, die nicht mit einer Uhrzeit versehen sind, können demnach durchaus „falsch" sein. Hie die Abbildung eines Kalenderblatts:

Februar			März		
			1 Mi		
1 Mi			2 Do		
2 Do			3 Fr		
3 Fr			4 Sa		
4 Sa	⊘		5 So		10
5 So		6	6 Mo	○	
6 Mo			7 Di		
7 Di			8 Mi	Internationaler Frauentag	
8 Mi			9 Do		
9 Do			10 Fr		
10 Fr			11 Sa		
11 Sa			12 So		
12 So			13 Mo		11
13 Mo	☾	7	14 Di		
14 Di	Valentinstag		15 Mi	☾	
15 Mi			16 Do		
16 Do			17 Fr		
17 Fr			18 Sa		
18 Sa			19 So		
19 So			20 Mo		12
20 Mo	Rosenmontag ●	8	21 Di	●	
21 Di			22 Mi		
22 Mi	Aschermittwoch		23 Do		
23 Do			24 Fr		
24 Fr			25 Sa		
25 Sa			26 So	Beginn der Sommerzeit	
26 So			27 Mo		13
27 Mo	☽	9	28 Di		
28 Di			29 Mi	☽	
			30 Do		
			31 Fr		

- Am 5. 2. war Vollmond um 19:28 Uhr. Ab da war abnehmender Mond.

- Am 28. 2. war um 8:06 Uhr Neumond. Ab da war zunehmender Mond.

- Am 7. 3. war um 13:40 Uhr Vollmond. Ab da war abnehmender Mond.

- Am 21. 3. war Neumond um 18:23 Uhr. Ab da war zunehmender Mond.

Für genaues Arbeiten nach den Mondwechseln ist somit ein spezialisierter Kalender zu empfehlen.

Durch seine Nähe zur Erde wirkt die Gravitation des Mondes nicht nur auf die Meere (Gezeiten), sonden auch auf den Erdmantel.

Von alters her wird behauptet, dass der Mond deshalb auf alles irdische direkt wirkt.

Da die Mondphasen nicht mit dem Sonnenjahr übereinstimmen, sind Vollmonde und Neumonde jedes Jahr anders verteilt.

Für gängige Kalendereinträge sind folgende Zeichen üblich:

○ Vollmond

☾ abnehmender Halbmond

● Neumond

☽ zunehmender Halbmond

**Allgemeine
Grundregel:**

Bei zunehmendem Mond:
Aufbauen und gestal-
ten, ein Projekt begin-
nen, Neues in Angriff
nehmen, nach oben
wachsende Pflanzen
säen.

Bei abnehmendem Mond:
Entfernen und bereini-
gen, Begonnenes
zuende bringen, nach
unten Wachsendes
(Karotten, Kartoffeln
usw.) pflanzen.

Der Mondstand war zu früheren Zeiten ein Taktgeber für viele Tätigkeiten. Hausarbeit, Saat und Ernte, Umgang mit dem Vieh – für viele Arbeiten wurde die Mondphase als Orientierung herangezogen. In den letzten Jahren scheint das Interesse an diesen tradierten Methoden wieder gestiegen zu sein. Dies spiegelt sich in den vielen „Mondkalendern", die jährlich gedruckt und verkauft werden. In ihnen ist mehr oder weniger ausgefeilt verzeichnet, wann man welche Tätigkeit in Angriff nehmen sollte.

Leider sind sie nicht einheitlich, denn es werden für die Berechnung unterschiedlich entweder der tropische, der siderische oder der faktische Tierkreis (s. S. 26) herangezogen.

Man muss also selbst die Erfahrung machen, welche Version dem eigenen Lebensrhythmus entspricht.

Das Mondzeichen im Horoskop

Es gibt im Gegensatz zum Sonnenzeichen („Sternzeichen") nur wenige Astrologiebücher, die die Deutung des Mondes in den Tierkreiszeichen systematisch behandeln. Das ist besonders bedauerlich, wenn es um das Geburtshoroskop eines Menschen geht. Anerkannt werden muss, dass der reaktive Anteil einer Persönlichkeit ebenso wichtig ist wie der aktive.

Da, wo der Mond im Horoskop steht, liegt das, was durch das Erdenleben erarbeitet, entwickelt, erlernt werden muss, was irdisch gemeistert und geschafft werden soll, wozu das Erdenleben verwendet und eingesetzt wird, damit es zum Weg der Rückkehr in das Geistige werden kann.

Ludwig Laveuve zitiert nach Hürlimann, S. 147

In einem vollständigen
Geburtshoroskop ist
der Mond nur einer von
vielen Faktoren. Deshalb
können die Persönlich-
keitsanteile, die seine
Position anzeigt, durch
andere Signifikatoren
verändert, modifiziert
oder ganz verdeckt sein.
Wie bei der Sonnen-
position (Sternzeichen),
sind es immer nur einige
Menschen, bei denen sie
sich in der aufgelisteten
Reinheit zeigen.

Bei den Fachautoren, die den Mond in den Tierkreiszeichen überhaupt besonders beschreiben, ist die Deutung zwar jeweils ähnlich, aber mit unterschiedlicher Gewichtung. Um ein möglich umfassendes Bild des astrologischen Symbols „Mond" zu bekommen, sind deshalb nachfolgend vier verschiedene Autorinnen und Autoren aufgelistetet.

Dabei werden folgende Quellen zitiert:
Gertrud Hürlimann, Astrologie, S. 148
Donna Cunningham, Moon Signs, S. 208ff
Alfred Paul Zeller, Richtig leben nach den Sternen, S. 546ff
Michael Roscher, Das Astrologie-Buch, S. 267ff
Die genannten Positionen beziehen sich auf den tropischen Tierkreis.

Mond im Widder

- Gertrud Hürlimann
  Gefühl + eifriges Wollen = gefühlsbetonter Wille
  + Idealismus, Streben nach leitender Position, Impulsivität,
  Geltungsdrang.
  – Übereifer, Voreiligkeit, Herrschsucht, Reizbarkeit, Streitsucht,
  Aufgeregtheit, Fehlschläge durch unüberlegtes Handeln.
- Donna Cunningham
  Schlüsselbegriffe: dynamisch, aktiv, durchsetzungsbereit, unabhängig, wettbewerbsorientiert, tapfer, impulsiv, energisch, lustbetont,
  übermäßig beschützend.
- Alfred Paul Zeller
  Energisch, ehrgeizig, eigenwillig, ichbezogen, impulsiv – aber auch
  voreilig und starrsinnig. Selten depressiv, wenig selbstkritisch.
  Reagiert rasch. Wenig anpassungsfähig. Durch Unbedachtsamkeit
  Verletzungsgefahr (Brüche, usw.); Neigung zu Fieberanfällen.
- Michael Roscher
  Schlagwort: »Einer gegen alle«.
  + Selbstverantwortung, ausgeprägte emotionale Energie,
    begeisterungsfähig.
  – Scheinstärke, schnell verletzt, uneinsichtig.

Mond im Stier

- Gertrud Hürlimann
  Gefühl + Sicherung = Beständigkeit
  + Konservative Einstellung, Festhalten am Erworbenen, Standhaftigkeit, beständige Gefühle und Neigungen, Streben nach
  Harmonie, Sinn für schöne Formen, Kunst und Musik.
  – Eigensinn, Überempfindlichkeit, Bequemlichkeit, Abneigung
  gegen Umstellung.
- Donna Cunningham
  Schlüsselbegriffe: erdverbunden, praktisch, naturliebend, dickköpfig, konservativ, nährend und pflegend, erfolgreich, wohlhabend,
  sinnlich.
- Alfred Paul Zeller
  Gesellig, umgänglich, sinnenfreudig, manchmal besitzergreifend.
  Hält an eingefahrenen Gewohnheiten fest. Oft kunstsinnig. Kann
  sich im Leben behaupten.
- Michael Roscher
  Schlagwort: »Gemeinsam sind wir stark«.
  + Beständigkeit im Emotionalen, genussfähig, meist realistisch.
  – Gruppenabhängigkeit, emotional antriebslos, bequem.

Mond in den Zwillingen

- Gertrud Hürlimann
  Gefühl + Vielfalt = vielfältige Ausdrucksmöglichkeit
  + Lebhafter Gefühlsausdruck, geistige und körperliche Beweglichkeit, vielseitige Interessen, Reiselust, Wissensdrang, kaufmännische Fähigkeiten, umsichtig.
  – Oberflächlichkeit, innere Zwiespältigkeit, Ruhelosigkeit, Stimmungsschwankungen.
- Donna Cunningham
  Schlüsselbegriffe: Intellektuell, verbal, gescheit, aufgeweckt, schlagfertig, sprunghaft, ruhelos, neugierig, überzeugend, zum Flirten aufgelegt, geistreich.
- Alfred Paul Zeller
  Geist rege und wendig, aber wenig Tiefgang. Erlebnishungrig, reisefreudig, beeindruckbar. Wenig ausdauernd, launenhaft, oft entschlussschwach und rastlos. Leicht erregbar. Braucht viele Kontakte und Abwechslungen. Unter starker Belastung können die Nerven völlig versagen.
- Michael Roscher
  Schlagwort: »Wissen ist Macht«.
  + Bewegtes Seelenleben, emotionale Kontaktfähigkeit, wirkt meist ansprechend.
  – Angst vor tieferen Empfindungen, neigt dazu, Wahrheiten zu verdrängen, Oberflächlichkeit als Selbstschutz.

Mond im Krebs

- Gertrud Hürlimann
  Gefühl + Empfänglichkeit = Weichheit, Anhänglichkeit
  + Gefühlsbetont, anhänglich, häuslich, einfach, sparsam, Bindung an die Familie, Nachahmungsvermögen, zuweilen schöpferische Fähigkeiten.
  – Abhängig von der Umwelt, furchtsam, ängstlich, haltsuchend.
- Donna Cunningham
  Schlüsselbegriffe: nährend, fürsorglich, erhaltend, aufgeschlossen, nachdenklich, sensibel, gefühlvoll, stimmungsvoll, häuslich, auf Sicherheit bedacht.
- Alfred Paul Zeller
  Sensibel, freundlich, aber zurückhaltend, traditionsverhaftet, konservativ; reiche Phantasie. Meist vorsichtig, fürsorglich, häuslich, machmal jedoch launenhaft. Schließt sich gern anderen an. Will oft den weichen Kern nach außen hinter einer harten Schale verbergen.

- Michael Roscher
  Schlagwort: »emotionale Identifikation«.
  + Schöpferisch, emotionaler Zugang zur Wahrheit.
  – Beeinflussbarkeit, Subjektivität, seelische Instabilität.

Mond im Löwen

Prominente mit dem Mond im Löwen:

Kurt Tucholsky
Antoine de Saint-Exupéry
Willy Brandt
Margaret Thatcher
Michail Gorbatschoff
Nancy Reagan
Volodymyr Zelenskyy
Jean Sarkozy

- Gertrud Hürlimann
  Gefühl + Gestaltung = gefühlsmäßiges Gestalten
  + Lust und Liebe bei der Arbeit, Herzlichkeit, Großmut, Standes-
  gefühl, Stolz, Leidenschaftlichkeit, Abneigung gegen niedere
  Arbeit, Selbstvertrauen.
  – Standesdünkel, Liebe zu Luxus, Dummstolz, Genusssucht,
  Herrschsucht.
- Donna Cunningham
  Schlüsselbegriffe: Schwungvoll, charmant, würdevoll, loyal,
  edelmütig, dramatisch, sonnig, lebenslustig, herrsüchtig.
- Alfred Paul Zeller
  Frohnatur mit ausgeprägtem Ich-Gefühl, das zu Eitelkeit und
  Dünkel führen kann. Offen, leidenschaftlich, meist treu. Leicht
  verletzbar. Kunstsinnig. Gibt sich in der Regel liebenswürdig
  bis herzlich, (bei negativen Beziehungen zu anderen Himmels-
  körpern) jedoch anmaßend, großspurig, pompös.
- Michael Roscher
  Schlagwort: »das Recht des Stärkeren«.
  + Optimistisch, lebensbejahend, großzügig (wenn die eigene
  Autorität nicht infrage gestellt wird), setzt Empfindungen in
  Konkretes um.
  – Autokrat, hat Angst Schwächen preiszugeben, eitel und schnell
  beleidigt.

Mond in der Jungfrau

Prominente mit dem Mond in der Jungfrau:

Friedrich Engels
Hannah Arendt
Helmut Schmidt
John F. Kennedy
Dagmar Berghoff
Reinhold Messner
Joanne Kathleen Rowling
Serena Williams
Max Verstappen

- Gertrud Hürlimann
  Gefühl + Sorgfalt = Methodik
  + Verstand überwiegt Gefühl, gutes Gedächtnis, Wissensdurst,
  Lerneifer, praktische Veranlagung, methodisches Vorgehen, Sorg-
  falt, Ordnungssinn, Einfachheit.
  – Pedanterie, Prüderie, Altjüngferlichkeit, Beschränktheit,
  Egoismus, Geiz.
- Donna Cunningham
  Schlüsselbegriffe: fähig, praktisch, gut geerdet, tüchtig, raffiniert,
  hilfreich, selbstlos, fleißig, kritisch, perfektionistisch.

[Mond in Jungfrau]

- Alfred Paul Zeller
  Redet oft viel und rasch, ist aber seelisch eher verschlossen, auf Distanz bedacht. Ichbezogen, kritisch, rasch beleidigt. Schätzt konventionelle Formen. Geschäftstüchtig, achtet auf Details. Unsicherheit und Gesundheitsstörungen durch übertriebene Sorgen möglich.
- Michael Roscher
  Schlagwort: »Selbstfindung durch Einordnen«
  + Zuverlässig und vernünftig in der Gefühlssphäre.
  – Mangelnde seelische Eigenständigkeit, berechenbar.

Mond in der Waage

- Gertrud Hürlimann
  Gefühl + Harmonie = Verbindlichkeit
  + Rascher Kontakt mit anderen Personen, Herzlichkeit, Liebesbedürfnis, lebhafte Äußerungen von Empfindungen, Anpassung, Geselligkeit, Heiterkeit.
  – Unzuverlässigkeit, Nachlässigkeit, Mangel an Selbstverantwortung.
- Donna Cunningham
  Schlüsselbegriffe: schön, liebevoll, harmonisch, friedlich, charmant, rücksichtsvoll, sympathisch, diplomatisch, meditierend, unentschlossen, schwankend.
- Alfred Paul Zeller
  Höflich, diplomatisch, gute Umgangsformen. Im Ausdruck flüssig. Kann auf andere eingehen. Unter Stress launenhaft und überkritisch. In der Arbeit wenig ausdauernd; häufig entschlussschwach. Künstlerische Neigungen, aber nicht unbedingt selbst kreativ. Kann guter Partner sein.
- Michael Roscher
  Schlagwort: »Lasst mich nicht allein«.
  + Ästhetisches Empfinden, Gefühl für Maß und Proportion, oft künstlerische/kunsthandwerkliche Begabung.
  – Gefühlsopportunismus, wankelmütig, Schwierigkeiten in der eigenen emotionalen Standpunktbestimmung.

Mond im Skorpion

- Gertrud Hürlimann
  Gefühl + Selbsterhaltung = Ehrgeiz
  + Von seelischen Regungen beeinflusste kämpferische Einstellung,
  Zähigkeit, Offenheit, tiefe Innerlichkeit.
  – Eigenwillig, Rücksichtslos, taktlos, Selbstüberschätzung.
- Donna Cunningham
  Schlüsselbegriffe: machtvoll, kontrollierend, intensiv, umgestaltend, heilend, regenerativ, kraftvoll, analytisch, forschend.
- Alfred Paul Zeller
  Zäher Wille, viel Energie und Arbeitskraft, leidenschaftlich, oft
  sinnlich. Ehrlich, aber oft verschlossen. Im Umgang bestimmt,
  manchmal schroff. Gewohnheitsverhaftet. Selbstkritisch. […]
  launenhaft, kann bei verletztem Stolz sehr nachtragend sein.
- Michael Roscher
  Schlagwort: »das ideologisierende Empfinden«.
  + Klare Vorstellung von eigenen Wünschen, konsequent im Fühlen; Fähigkeit, allgemeingültige seelische Prozesse zu erkennen.
  – Tendenz, das Prinzipielle zu übertreiben, oft lieblos gegen sich
  selbst; Weigerung, Gefühlen nachzugeben.

Mond im Schützen

- Gertrud Hürlimann
  Gefühl + Verinnerlichung = Meditation
  + Starkes Innenleben, Streben nach Erkenntnis, Idealismus, Hoffnungsfreude, Ausdehnungsdrang, Reiselust, Liebe zu Abwechslung, philosophische und künstlerische Interessen.
  – Wechselnde Stimmung, beeinflussbar, voreilig, Selbsttäuschung.
- Donna Cunningham
  Schlüsselbegriffe: optimistisch, neugierig, überschwänglich, abenteuerlustig, philosophisch, genussüchtig, exaltiert.
- Alfred Paul Zeller
  Beweglich bis ruhelos (Wandertrieb), rasch zu begeistern, wenig
  Ausdauer. Aufrichtig bis zur Selbstschädigung, freiheitsliebend.
  Impulsiv, materiell unbedacht bis waghalsig. Flüssig im Ausdruck.
  Oft sportlich. Fähigkeit zu intuitiven Einsichten.
- Michael Roscher
  Schlagwort: »die Synthese«.
  + Seelisch tolerant, einsichtig, schnelles emotionales Erfassen von
  Situationen; Fähigkeit, Zusammenhänge zu »erfühlen«
  – Emotional überheblich, erhebt Stimmungen zur kosmischen
  Wahrheit, geltungssüchtig, braucht Erfolg zum Wohlfühlen.

Mond im Steinbock

- Gertrud Hürlimann
  Gefühl + Konzentration = Pflichtgefühl
  + Starkes Gefühlsleben, aber mit geringer Ausdrucksfähigkeit anderen gegenüber, egozentrisches Wesen, Ausdauer, Geduld, Fleiß, Genügsamkeit, Vorsicht.
  – Seelische Hemmungen, Schüchternheit, Angst vor der Zukunft und vor Verlusten.
- Donna Cunningham
  Schlüsselbegriffe: fähig, gut organisiert, ehrgeizig, ernst, diszipliniert, hart arbeitend, spartanisch, melancholisch, von reifer Schönheit, erfolgreich.
- Alfred Paul Zeller
  Zurückhaltend, vorsichtig, schlau. Lernt aus Erfahrung, reagiert oft langsam auf Neues. Gesunder Menschenverstand, ordnungsliebend, fleißig. Unter Fremden oft unsicher bis schüchtern. Nimmt Dinge manchmal zu schwer, kann nicht vergessen; Grübeln, Depressionen.
- Michael Roscher
  Schlagwort: »das Gefühlskorsett«
  + Zuverlässig und genau im Empfinden, ernsthaft und treu.
  – Gefühlshemmung, konventionell, pessimistisch, langweilig.

Mond im Wassermann

- Gertrud Hürlimann
  Gefühl + Wandlung = Wandelbarkeit
  + Reges gefühlsbetontes Gedankenleben, soziales Empfinden, Idealismus, viel Hoffnungen und Wünsche, Ideenreichtum, Reformbestrebungen, Sinn für Humor, Witz.
  – Geringe Ausdauer, Voreiligkeit, mehr Gedanken und Pläne als sich verwirklichen lassen.
- Donna Cunningham
  Schlüsselbegriffe: rebellisch, ungewöhnlich, modern, charismatisch, distanziert, avantgardistisch, unberechenbar, bilderstürmerisch, aufregend.
- Alfred Paul Zeller
  Aufgeschlossen, freiheitsliebend, originell bis exzentrisch. Individualist, nicht leicht zu durchschauen, aber kontaktfreudig und umgänglich. Unter Stress nervlich labil, unberechenbar. Oft reisefreudig, künstlerische und literarische Neigungen. Kann innerlich einsam sein.

- Michael Roscher
  Schlagwort: »emotionelle Unberührbarkeit«.
  + Spontaneität, im Emotionalen unkonventionell, unabhängig, originell.
  – Im Gefühlsleben unberechenbar, kaum zuverlässig, Widerspruch als Selbstzweck.

Mond in den Fischen

- Gertrud Hürlimann
  Gefühl + Erwartung = Hoffnung
  + Abwartend, gefühlsbetont, gutmütig, hilfsbereit, willig, entgegenkommend, gesellig, sensitiv, zuweilen medial.
  – Nachlässig, haltlos, beeinflussbar, verführbar, Mangel an Widerstandskraft, abhängig von Stimmungen, Minderwertigkeitsgefühle, Neigung zu Genussgiften.
- Donna Cunningham
  Schlüsselbegriffe: kreativ, spirituell, medial begabt, sensibel, einfühlsam, phantasievoll, träumerisch, hellseherisch, poetisch, visionär, ausgefallen, illusionär.
- Alfred Paul Zeller
  Reiche Phantasie, tiefes Gemüt, beeindruckbar, wirkt oft verträumt bis phlegmatisch, Leicht zu entmutigen; entschlussschwach. Nachgiebig. Intuitives Verständnis für andere. … launenhaft, Tendenz zur Verstellung und Intrige. Braucht Ermutigung von außen.
- Michael Roscher
  Schlagwort: »das unbegrenzte Empfinden«.
  + Seelische Offenheit, uneingeschränkte Toleranz, behutsam, einfühlsam.
  – Tendenz, emotional ins Irreale zu entfliehen, weltfremde Tagträumereien, die nicht ins Handeln gebracht werden können.

Prominente mit dem Mond in den Fischen:

Heinz Erhardt
Frank Sinatra
Heinrich Böll
Bob Denver
John Denver
Roger Whittaker
Meat Loaf
James Cameron
Grace Kelly

Mondnacht

Es war, als hätt' der Himmel
Die Erde still geküßt,
Daß sie im Blütenschimmer
Von ihm nun träumen müßt'.

Die Luft ging durch die Felder,
Die Ähren wogten sacht,
Es rauschten leis' die Wälder,
So sternklar war die Nacht.

Und meine Seele spannte
Weit ihre Flügel aus,
Flog durch die stillen Lande,
Als flöge sie nach Haus.

Joseph Freiherr von Eichendorff

Mond an den Achsen

Am Azendenten

Das Verb „reflektieren"
hat zwei Bedeutungen:

1. spiegeln
2. über etwas gründlich
   nachdenken.

Das Mondsymbol
beinhaltet beide
Bedeutungen kombiniert.

> ## Ich stelle dar, was ich aufnehme und reflektiere

Menschen mit dem Mond am Aszendenten wirken auf eine besondere Art und Weise ihrer Umgebung zugewandt. Die Art und Weise, wie sie agieren, hängt dabei vom jeweiligen Tierkreiszeichen des Aszendenten ab (s. S. 47). Das Verhaltensmuster ähnelt der Empathie, ist jedoch nur die Art und Weise, wie sich die Person in der Öffentlichkeit gibt – und dies automatisch und ohne Absicht.

Nicht nur Menschen mit
dem Mond am Aszenden-
ten haben Schwierigkei-
ten, bei Anforderungen
von Anderen „nein" zu
sagen. Schuld daran sind
Ängste, nicht mehr ge-
liebt zu werden oder als
egoistisch da zu stehen.
„Je mehr wir überzeugt
sind, liebenswert und in
Ordnung zu sein, umso
weniger Angst haben
wir vor Ablehnung und
Zurückweisung."

https://www.psychotipps.
com/selbstsicher-nein-
sagen.html

Donna Cunningham weist in ihrem Buch „Moon-Signs" darauf hin, dass die durch die Mondposition im Horoskop angezeigten Bedeutungen sich verstärkt in der Kinheit manifestieren. Das gilt auch für den Mond am Aszendenten. Durch ihre den Mitmenschen und der Umgebung zugewandte Art werden diese Kinder oft geschätzt und fühlen sich geliebt. Diese Kinder empfinden quasi automatisch die emotionalen Bedürfnisse ihrer Umgebung. Allerdings besteht auch die Gefahr, dass ihre Freundlichkeit ausgenutzt wird, sei es um Geschwister zu hüten, im Haushalt mitzuarbeiten oder sonstigen Tätigkeiten. Wenn sich Kinder auf diese Weise ausgenutzt fühlen, können (nach Cunningham S. 298f und 303) Essstörungen auftreten.

Vergleichbares gilt natürlich auch für Erwachsene, wobei davon auszugehen ist, dass diese sich eher unangemessener Ansprüche erwehren können. Grundsätzlich gelten sie als angenehme Mitmenschen und sind oft generell gern gesehen.

Einige Beispiele von Prominenten mit dieser Konstellation im Geburtshoroskop sollen das Beschriebene weiter illustrieren:

Harrison, George
geb. 25. Februar 1943,
GMT 22:42 (24. Febr.)

Liverpool, England,
53n25, 2w55

Im Geburtshoroskop von **George Harrison**, einem Mitglied der legendären Beatles, steht der Mond in enger Verbindung zu seinem Aszendenten im Skorpion. Bereits vor seiner Geburt wurde er von seiner Mutter musikalisch „gefördert"; sie war eine große Musikliebhaberin, sang oft und laut und spielte dem Ungeborenen jeden Sonntag ein Musikprogramm mit indischer Musik vor, von dem sie behauptete, dass es das Baby in ihrem Bauch beruhige. Auch in späteren Jahren wollte sie alles fördern, was ihn glücklich machte und das war die Musik.

George begann bereits im Alter von 13 Jahren Gitarre zu spielen, mit 15 begann er zusammen mit John Lennon und Paul McCartney bei der Gruppe „The Quarrymen" aufzutreten.

Später wurde er Leadgitarrenspieler der Beatles. Er wird auch der „stille" Beatle genannt. Was er in seiner Umgebung aufnahm, gab er in seinen Kompositionen wieder, darunter die schönsten Rockballaden wie „Something". Mit seinen Arrangements unter Einbeziehung der indischen Sitar in die Popmusik begründete er die sogenante „Weltmusik".

Im „Konzert für Bangladesh" 1971 organisierte er als erster ein riesiges Wohltätigkeitskonzert, das in den Jahren seitdem viele Nachahmer fand. Außer seiner Bandmitgliedschaft war er noch als Filmproduzent u. a. für Monty Python und als Komponist für viele andere Künstler tätig. Dabei blieb er meist im Hintergrund.

Unter „Weltmusik" werden Mischformen von Musikstilen aus verschiedenen Kulturen der Welt verstanden

Im Horoskop von **Prinz Philip** (Mountbatten) steht der Mond am Löwe-Aszendenten. Er war 69 Jahre lang Prinzgemahl der britischen Königin Elisabeth II. und verstarb 2021. Damit war er der Mensch, der am längsten diese Rolle ausfüllte. Entgegen den nach dem Löwe-Aszendenten zu erwartenden Charaktereigenschaften (s. S. 30) blieb er immer in der zweiten Linie, wenn er mit der Königin gemeinsam in der Öffentlichkeit auftrat. Verschiedene Anekdoten aus seinem Leben berichten, dass das nicht so war, wenn er allein einen Termin wahrnahm. Trotz seiner gezeigten Reserviertheit in ihrer Gegenwart nannte Elisabeth II. ihn anlässlich ihrer Goldenen Hochzeit „meine stärkste Stütze".

Auch für seine Kinder spielte er eine wichtige Rolle. Zu einer Zeit, als dies noch gar nicht populär war, erzog er sie zu Achtsamkeit gegenüber der Natur und Beachtung des Umweltschutzes, wie sein Sohn, der jetzige König Charles III, berichtete.

Früher als Wirtschaftsfunktionäre und Politiker reagierte er auf die Probleme der Umweltzerstörung und gründete zusammen mit Gleichgesinnten 1961 die Naturschutzorganisation WWF. Von 1981 bis 1996 war er dessen Präsident. Dies machte ihn zum „Naturschützer der ersten Stunde". Bis ins hohe Alter förderte er Naturschutzaufgaben durch die Organisation von Benefizveranstaltungen und andere Spendensammelaktionen.

Prinz Philip, Herzog von Edinburgh

Geburtsname: Filippos, Prinz von Griechenland und Dänemark

geb. 10. Juni 1921, 8:00 Uhr GMT

Mon Repos, Griechenland, 39n36, 19e56

† 9 April 2021

Der WWF (World Wide Fund For Nature bis 1986 World Wildlife Fund) ist eine Stiftung nach Schweizer Recht. Sie wurde 1961 gegründet und ist eine der größten internationalen Natur- und Umweltschutzorganisationen. Wappentier des WWF ist der Große Panda.

Im Geburtshoroskop von **Jane Goodall** steht der Mond in Konjunktion mit ihrem Schütze-Aszendenten. Nach einer Ausbildung zur Sekretärin ging sie 1957 nach Kenia und begann 1960 Schimpansen zu beobachten. Seitdem hat sie sich zur weltweit besten Kennerin dieser Tierart entwickelt.

Ohne die zu ihrer Zeit üblichen Vorbehalte erforschte sie das Familienleben der Primaten und widerlegte gängige Vorurteile: Nur Menschen gebrauchen Werkzeug, nur Menschen haben Gefühle, Affen sind Vegetarier. Dabei musste sie durchaus mit heftigem Widerstand der etablierten Wissenschaftler kämpfen. Auch gab sie den beobachteten Schimpansen

Goodall, Jane geb. 3. April 1934, 23:30 GMT

Hampstead, England, 51n34, 0w11

Emblem des deutschen Jane Goodall Instituts

Namen, was bis dato abgelehnt wurde, da es die wissenschaftliche Neutralität gefährde.

Jane Goodall konnte mit ihrem Einfühlungsvermögen viele Verhaltensweisen der Schimpansen dokumentieren und erklären; über ihre Veröffentlichungen machte sie ihre Erkenntnisse weltweit zugänglich. Damit ihr Lebenswerk, das letztlich dem Schutz dieser Tiere galt, auch über ihren Tod hinaus erhalten bleibt, gründete sie 1977 das „Jane Goodall Institute", das sich primär um Erforschung und Schutz von Primaten kümmert.

Eine vergleichbare Stellung „Mond am Aszendenten" im Horoskop haben (Mondzeichen in Klammern):

- Albert Schweitzer, Barbara Cartland, Louis Armstrong (Widder)
- Jackie Chan (Zwillinge)
- Andrew Lloyd Webber (Löwe)
- Erich Segal, Ornella Muti (Waage)
- Marie-Luise Marjan, Phil Collins (Skorpion)
- Jean-Pierre Guerlain (Steinbock)
- Burt Bacharach (Wassermann)

Am Deszendenten

> ## Ich begegne mit dem, was ich aufnehme und reflektiere

Menschen mit dem Mond am Deszendenten wirken oft besonders empathisch, denn sie nehmen die Bedürfnisse und Nöte anderer Menschen automatisch wahr und reagieren darauf. Sie spiegeln ihre Eindrücke und können auf diese Weise scheinbar mühelos auf ihr Gegenüber eingehen.

Unter dem Begriff ‚Helfersyndrom' versteht man das Bedürfnis einer Person, sich in zwischenmenschlichen Begegnungen ständig als Helfer anzubieten, auch wenn keine Hilfe erwünscht ist.

Dieses Verhalten wird in der Psychoanalyse als psychische Störung angesehen.

Damit sind sie anscheinend für soziale Berufe prädestiniert. Zu helfen oder etwas Gutes zu tun, ist ihnen ein reflexhaftes Bedürfnis. Sie nehmen dabei gar nicht wahr, wenn ihre eigenen Bedürfnisse ins Hintertreffen geraten. Manchmal ist es ihnen unmöglich, eine gesunde Balance zwischen Geben und Nehmen zu finden. Das Helfen entspricht den eigenen Bedürfnissen und übersteigt zuweilen Nutzen und Bedürfnisse derjenigen, denen man Hilfe angedeihen lässt. Dann kommt es zum sog. „Helfersyndrom".

Die Stellung der Sonne im Horoskop zeigt, wie weit das Entgegenkommen organisch und zum Wohle von Helfenden und Geholfenen, in die Persönlichkeit integriert werden kann.

Hierzu einige prominente Beispiele:

Eine umstrittene Person ist **Cosima Wagner**, die zweite Frau Richard Wagners. In ihrem Geburtshoroskop steht der Mond zusammen mit dem Saturn in Konjunktion mit dem Deszendenten im Tierkreiszeichen Skorpion. Bereits während ihrer Partnerschaft mit Wagner brachte sie die eigene musikalische Ausbildung und Begabung in ihre Zusammenarbeit ein. Von der ersten Begegnung an ließ sie ihr Leben von Wagner prägen.

Nach Wagners Tod 1883 übernahm sie die künstlerische und kaufmännische Leitung der „Bayreuther Festspiele". Aus einem bereits fast bankrotten Unternehmen wurde ein Weltereignis bis heute. Dabei versuchte sie zunächst Wagners Vorgaben strikt zu folgen; erst später hatte sie den Mut auch eigene Ideen einzubringen, was ihr Lob und Kritik einbrachte. Aus gesundheitlichen Gründen übergab sie die Festspielleitung 1907 an ihren Sohn Siegfried.

Umstritten ist Cosima Wagner wegen ihres offenen Antisemitismus, den sie mit dem aufkommenden Nationalsozialismus teilte. Mit dessen Vertretern pflegte sie enge Kontakte. Sie starb allerdings 1930 und so blieb ihr die NS-Herrschaft erspart.

Cosima Wagner
Geburtsname: Francesca Gaetana Cosima Liszt

geb. 24 Dezember 1837, 13:24 GMT
Como, Italien,
45n47, 9e05

† 1. April 1930

Im Horoskop des Sängers **Josep (José) Carreras** steht der Mond in Konjunktion mit dem Deszendenten im Widder. Obwohl er von klein auf die größte Freude am Singen hatte und wohl auch Gesangsunterricht bekam, begann er Chemie zu studieren, um den Ratschlägen von Vater und Bruder zu folgen. Erst als sich deutliche Erfolge zeigten, gab er diesen Weg auf.

Carreras sang auf allen Weltbühnen und zusammen mit den größten Tenören; seine einfühlsame Art wurde überall geschätzt.

Auf dem Höhepunkt seiner Karriere erkrankte Carreras 1987 an akuter lymphatischer Leukämie. Durch eine Knochenmarktransplantation konnte er die Krankheit überwinden und seine Gesangskarriere wieder aufnehmen.

In der Folgezeit gründete er die „José Carreras Leukämie Stiftung", die seither die Leukämieforschung und -bekämpfung unterstützt.

Carreras, José
Geburtsname: Josep Maria Carreras i Coll

geb. 5. December 1946
3:00 GMT
Barcelona, Spanien,
41n23, 2e11

Im Geburtshoroskop des Sängers und Komponisten **David Bowie** steht der Mond in enger Konjunktion zum Deszendenten im Löwen. Seine Fähigkeit, auf einen Partner einzugehen, zeigt sich am deutlichsten in dem Musikvideo „Peace On Earth/Little Drummer Boy", wo er zusammen mit Bing Crosby auftritt.

Trotz vieler erfolgreicher Einzelauftritte suchtte er immer wieder die Zusammenarbeit mit anderen Künstlern und ließ sich von deren Stil inspirieren. Dadurch wurde sein Werk besonders abwechslungsreich.

Bowie, David
Geburtsname: David Robert Jones

geb. .8 Januar 1947
9:00 GMT
Brixton (London),
England, 51n29, 0w06

† 10 January 2016

Kabuki (歌舞伎)ist das traditionelle japanische Theater. Das Wort „Kabuki" bedeutet eigentlich „Gesang und Tanz".

Pantomime und besondere Schminktechniken sind außerdem Kennzeichen einer Kabuki-Aufführung..

Zu Beginn seiner Karriere erschien er als Beatmusiker, später wandte er sich der amerikanischen Avantgarde zu. Weitere Einflüsse lieferten das japanische Kabuki-Theater, Soul-Musik, elektronische Musik und aktuelle Popmusik. Seinen Spitznamen „Chamäleon des Pop" liebte er jedoch nicht, weil er meinte, er habe sich nicht seiner Umgebung angepasst, sondern die Zusammenarbeit mit seinen musikalischen Partnern sei ein gleichberechtigtes Geben und Nehmen gewesen. Dieser Aussage passt hervorragend zur Mondstellung am Deszendenten.

Eine vergleichbare Stellung „Mond am Deszendenten" haben im Horoskop außerdem (Mondzeichen in Klammern):

- Alain Delon (Widder)
- Johannes Mario Simmel (Stier)
- Karl Mildenberger (Löwe)
- Senta Berger (Schütze)
- Paul Bocuse, Scott Cunningham (Wassermann)
- J. R. R. Tolkien (Fische)

Am Medium Coeli (MC)

> ### Ich handle öffentlich nach dem, was ich aufnehme und reflektiere

Menschen, in deren Geburtshoroskop der Mond am Medium Coeli steht, sind in besonderer Weise in der Lage, alles, was aus ihrer Umgebung auf sie einwirkt, in ihrem Beruf wiederzugeben. Unter „Beruf" ist hier nicht nur der Broterwerb im engeren Sinn gemeint, sondern alle öffentlichen Tätigkeiten, auch Engagements in Politik, künstlerisches Schaffen und Ehrenämter.

Ohne besondere Mühe nehmen solche Personen Stimmungen, Meinungstendenzen und andere Einwirkungen wahr und geben sie in ihrem Handeln wieder. Dadurch erscheinen sie besonders empathisch und den Mitmenschen zugewandt. Ihre Aufgabe ist jedoch nicht unbedingt, einzelnen Menschen zu helfen (wie im vorigen Abschnitt), sondern das Wahrgenommene zu veröffentlichen, also quasi als Spiegel für gesellschaftliche Probleme zu dienen. Sie handeln also nicht um der eigenen Selbstverwirklichung willen, sondern sind dem Allgemeinwohl in einer besonderen Art verpflichtet.

Falls diese Funktion im Brotberuf nicht auszufüllen ist, nehmen sie gern ehrenamtliche Tätigkeiten im Gemeinwesen oder Vereinen an. Diese Art der Kompensation ist durchaus wichtig für ihr seelisches Gleichgewicht.

Selbst Künstler können so eine besondere gesellschaftliche Aufgabe erfüllen, wie die folgenden Beispiele zeigen.

Im Geburtshoroskop von **Harry Belafonte** steht der Mond am MC im Wassermann. Belafonte ist ein weltweit geschätzter Schauspieler und Sänger. Auffallend ist, dass selbst seine größten Erfolge (Bananaboat-Song) nicht von ihm selbst komponiert wurden, sondern meist auf folkloristischen Quellen beruhten. Dafür hat er nicht nur Lieder seines karibischen Ursprungs gesammelt und den Calypso populär gemacht. In seinem 2002 veröffentlichten Lieblingsprojekt „The Long Road to Freedom" stellt er auf fünf CDs die Musik der amerikanischen Farbigen von den Ursprüngen in Afrika bis zu Arbeits-, Gefängnis- und Plantagenliedern, Blues, Gospel und Balladen bis zum Jahr 1900 dar. Sein Engagement für Bürgerrechte und als UNICEF-Botschafter ist legendär.

Harry Belafonte
Geburtsname: Harold
George Bellanfanti Jr.

geb. 1. März 1927,
15:30 GMT

New York, New York,
USA, 40n43, 74w0

† 25. April 2023

Weniger gut hat der Schauspieler und Sänger **Kris Kristofferson** seine Empfänglichkeit für Vorgänge in seiner Umwelt reagiert. Der Mond steht in seinem Geburtshoroskop am Löwe-MC. Obwohl er in seinen Liedern vieles aus dem Umfeld verarbeitete, insbesondere in den politischen Texten, litt er unter einer langjährigen Tabletten- und Alkoholsucht. Erst nachdem er sich 1985 in der Country-Band „The Highwaymen" mit Johnny Cash, Willie Nelson und Waylon Jennings zusammengetan hatte, überwand er die Sucht. Seine Balladen behandeln politische und menschliche Probleme und sind unerreicht zeitlos.

Kris Kristofferson
geb. 22. Juni 1936
21:30 GMT

Brownsville, Texas, USA
25n54, 97w30

Der Journalist und Filmproduzent **Oswalt Kolle** bediente auf ganz besondere Art und Weise das Bedürfnis einer ganzen Generation. Mit dem Mond am Stier-MC folgte er instinktiv dem Wunsch der Menschen nach sexueller Aufklärung. Nachdem Anfang der 60er Jahre die sogenannte Antibabypille als erstes fast 100%ig sicheres Verhütungsmittel zugelassen worden war, begann eine Zeit der sexuellen Befreiung, die aber auch die fehlende Aufklärung sichtbar machte. Diesen Mangel versuchte Kolle mit seinen Texten und Filmen zu beheben; so machte er Karriere.

Oswalt Kolle
geb. 2. Oktober 1928,
1:00 GMT

Kiel, Deutschland
54n20, 10e08

† 24. September 2010

Eine vergleichbare Stellung „Mond am Medium Coeli" haben im Horoskop außerdem (Mondzeichen in Klammern):
- Salvador Dali, Donna Cunningham, Bill Gates (Widder)
- Roman Polanski (Krebs)
- Huub Stevens (Jungfrau)
- Anne Hathaway (Waage)
- Christo, Shirley Bassey (Skorpion)
- Janosch (Schützer)
- Franz Alt (Fische)

Am Immum Coeli (IC)

> ### Ich finde mein Wurzeln in dem, was ich aufnehme und reflektiere

Menschen, in deren Horoskop der Mond am IC steht, sind in besonderem Maße in der Lage, die Vergangenheit, die in die Gegenwart hineinwirkt, öffentlich zugänglich zu machen. Ohne reaktionär zu sein, erkennen sie die Wurzeln aktuellen Geschehens und zeigen auf, was daran erhaltenswert ist. Dadurch wirken sie nicht nur selbst harmonisch geerdet, sondern erlauben auch anderen, die Vergangenheit zu erkennen und sich ihres Erbes bewusst zu werden.

Das eigene Schicksal dieser Personen demonstriert häufig, wie wichtig es ist, auf diese Weise die eigenen Wurzeln zu erkennen. Allerdings war es nicht einfach, prominente Nativitäten für diese Konstellation zu finden. Offensichtlich prädestiniert die Stellung „Mond am IC" nicht unbedingt für Popularität.

Trotzdem folgen einige Beispiele:

Christine Brückner,
geb. 10. Dezember 1921
7:00 GMT

Arolsen, Deutschland,
51n23, 9e01

† 21. Dezember 1996

Im Horoskop der Schriftstellerin **Christine Brückner** steht der Mond am Widder-IC. Obwohl sie zunächst den Nationalsozialismus begrüßt hatte, wurde sie am Ende des 2. Weltkriegs zu seiner Kritikerin und auch juristisch verfolgt.

Einem breiten Publikum wurde Brückner vor allem durch die 1978 für das Fernsehen verfilmten Bücher „Jauche und Levkojen" und „Nirgendwo ist Poenichen" bekannt. Diese beiden ersten Bände aus der „Poenichen-Trilogie" schildern die Zeit von 1918 bis in die Mitte der 1950er Jahre aus dem Blickwinkel einer Frau mit zu versorgenden Kindern. Dadurch wird diese Zeit aus der menschlichen, nicht historisch-wissenschaftlichen Perspektive lebendig. Besonders auf den Theaterbühnen wurde ihr Werk „Wenn du geredet hättest, Desdemona. Ungehaltene Reden ungehaltener Frauen" ein großer Erfolg; 14 historische Frauengestalten halten darin Monologe. Dieser Zyklus zeigt in besonderem Maß die Wurzeln der Autorin.

Reinhardt Stiehle,
geb. 6. Februar 1958
13:45 GMT

Ehingen, Deutschland,
48n17, 9e43

Im Horoskop der Verlegers und Publizisten **Reinhard Stiehle** steht der Mond in Konjunktion zum Jungfrau-IC. Seine Verlage, der Chiron-Verlag und Astronova sind derzeit die größten astrologischen Fachverlage im deutschsprachigen Raum. Neben deutschen Autoren aus diesem Bereich hat Stiehle auch viel ausländische Fachliteratur verlegt, meist von ihm selbst übersetzt.

Herausragend ist jedoch die Enzyklopädie „Eine literarische Astrologie", die in silber- bzw. goldgeprägten limitierten und nummerierten Ausgaben seit 2004 erschienen ist. Stiehle hat sie zusammen mit Bertram Wallrath herausgegeben. Bereits die unübliche luxuriöse Aufmachung zeigt, dass es hier um ein Herzensprojekt ging. Es handelt sich um eine Zusammenstellung von literarischen Erwähnungen der Astrologie über mehr als 3000 Jahre, von Echnaton (1365–1348 v. Chr.) bis Mirjam Müntefering (*1969). Über die verschiedenen Textausschnitte wird im wahrsten Sinn des Wortes die Vergangenheit in die Gegenwart gebracht und es werden die Wurzeln unserer Kultur sichtbar gemacht.

Eine ganz andere Form von Rückkehr der Vergangenheit ist mit dem thailändischen **König Bhumibol**, offizieller Titel Rama IX., verbunden. In seinem Horoskop steht der Mond in enger Verbindung zum Stier-IC.

Am 5. Mai 1950 wurde er in einem Land gekrönt, das 1932–33 im Rahmen einer Revolution vom Absolutismus zur parlamentarischen Demokratie übergegangen war. Viele Mitglieder der Königsfamilie, auch Bhumipols Eltern hatten seitdem im Ausland gelebt und die mit der Königsverehrung verbundenen Zeremonien und Feiertage waren abgeschafft worden. Bhumipol führte vieles davon wieder ein. Gleichzeitig befürwortete er moderate Neuerungen.

Insgesamt wurde durch ihn das Königtum in Thailand wieder populär, das Volk liebte ihn und den mit den Zeremonien verbundenen königlichen Prunk. Man sprach von einer „Wiederkehr des Royalismus", trotz sehr wechselvoller thailändischer politischer Entwicklungen.

Als Bhumipol 2016 starb, war er der mit 70 Jahren am längsten jemals regierende Monarch in geschichtlicher Zeit.

Bhumibol, König von Thailand
Geburtsname: Bhumibal Aduldej Songka

geb. 5. Dezember 1927, 13:45 GMT

Cambridge (Middlesex County), Massachusetts, USA, 42n22, 71w06

† 13. Oktober 2016

Eine vergleichbare Stellung „Mond am Immum Coeli" haben im Horoskop außerdem (Mondzeichen in Klammern):
- P!nk – Alecia Beth Moore (Widder)
- Luise Rinser (Stier)
- Barack Obama (Zwillinge)
- Anne Golon (Krebs)
- Peter Fonda (Jungfrau)
- Sting – Gordon Matthew Thomas Sumner (Waage)
- Robbie Williams (Skorpion)
- Charles Dickens (Schütze)
- Jimmy Connors (Wassermann)
- Rudi Dutschke (Fische)

Mond an den Achsen in Staatshoroskopen

▸ Die Sonne steht für das Staatsoberhaupt, den König oder die Königin; in republikanischen Staaten steht sie für die Regierung bzw. deren obersten Funktionträger oder Funktionsträgerin.

▸ Der Mond steht für das Volk als abhängig von der Regierung.

Wie bereits auf S. 57 erläutert, sind Staatshoroskope wichtige Unterlagen für die astrologische Beurteilung politischer Vorgänge. Dabei wird die Deutung der astrologischen Symbole entsprechend angepasst (s. Rand).

Auch hier gilt, dass einigermaßen verlässliche Horoskope nur von Staaten jüngeren Gründungsdatums erhältlich sind. Wenn mehrere Nativitäten zur Auswahl standen, ist das zugrunde gelegte Datum bzw. Jahr jeweils in Klammern angegeben.

Insgesamt ließen sich viel weniger Staatshoroskope mit markanter Stellung des Mondes als bei der Sonne finden. Das ist von der Sache her logisch: Ein Staatshoroskop bezieht sich auf eine Staatsgründung; dies ist ein politischer Akt, der von Regierenden vollzogen wird. Selten hat das Volk dabei etwas zu sagen.

Trotzdem ließen sich einige Beispiele finden:

- Mond am Aszendenten:
  Stier: Chile
  Krebs: Belize
  Löwe: Dagestan
  Schütze: Kroatien

- Mond am Deszendenten
  Widder: Bangladesh (26.3.1971), Tschechien,
    Slowakei (1993)
  Zwillinge: Bahrain
  Krebs: Japan (1952)
  Waage: Rumänien (1989)
  Steinbock: Estland (1991), Singapur
  Wassermann: Angola

- Mond am Medium Coeli
  Widder: Botswana
  Zwillinge: Bulgarien (9.9.1944), Libyen (1969)
  Löwe: Israel (14.5.1948, 16:32), Peru
  Wassermann: Elfenbeinküste
  Fische: Thailand (1932)

- Mond am Immum Coeli
  Zwillinge: Tonga, Vereinigte arabische Emirate
  Skorpion: Bhutan
  Fische: Schweiz (1848)

Etwas Besonderes ist in dieser Aufstellung das Horoskop von Bhutan. Es bezieht sich nämlich nicht auf die Gründung des Staates, die wohl in grauer Vorzeit liegt, sondern auf die Krönung des Königs Jigme Singye Wangchuck, 4. Drachenkönig des kleinen Himalayah-Staates.

Er führte nicht nur die Reformen seines Vaters (Aufhebung der Leibeigenschaft, Einführung eines säkularen Schulsystems, Installation eines Parlaments) weiter, sondern definierte das „Bruttonationalglück" (Gross National Happiness) als Staatsziel – als absichtliches Gegenmodell zum Bruttosozialprodukt anderer Staaten.

Dabei folgte er einem Kodex, der in bhutanischen Rechtstext von 1626 festgehalten ist:

> „Wenn die Regierung kein Glück für ihr Volk schaffen kann, dann gibt es keinen Grund für die Existenz der Regierung."
>
> Übersetzt nach dem GNH Centre Bhutan

Obwohl König Jigme Singye Wangchuck auch eine westliche Schulbildung in Indien und England erhalten hatte, war er sich doch auch den Traditionen seines Landes zugehörig. Verwurzelt in diesen führte er es in die Moderne, ohne seine Besonderheit aufzugeben. Seitdem ist Bhutan eine parlamentarische Demokratie, aber der einzige Staat auf der Welt, der Glück als Verfassungsziel nicht nur nennt, sondern bewusst verfolgt.

König Jigme Singye Wangchuck,

geb. 11 November 1955
0:00 GMT
Thimbhu, Bhutan,
27n28, 89e39

gekrönt am 2. Juni 1974
5:30 GMT,
Thimbhu, Bhutan
27n28, 89e39

Seit 2006 ist sein Sohn Jigme Khesar Namgyel Wangchuck König. Er führt die Reformen seines Vaters unverwässert fort.

Das Staatswappen von Bhutan

Zusammenfassende Schlussbemerkung zu diesem Abschnitt:

Die bis hierher zum Mond an den Achsen des Horoskops angeführten Erläuterungen und Beispiele zeigen, dass eine solche Mondposition in den Horoskopzeichnungen von Männern und Frauen wichtige Eigenschaften und Fähigkeiten der jeweiligen Persönlichkeit anzeigt. Kombiniert mit den durch das jeweilige Tierkreiszeichen symbolisierte Handlungsschemata und den Aussagen zur Sonnenposition kann der geübte Astrologe hier viel über die Nativität erkennen.

Mond im Leerlauf (Void of Course)

Die Bahn des Mondes ist nicht kreisförmig, sondern entspricht einer Ellipse mit der Erde in einem der beiden Brennpunkte.

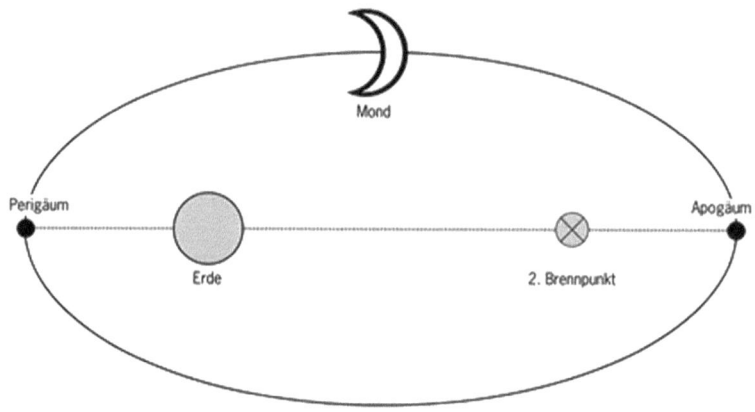

Quelle: www.astro.com/astrowiki/de/Lilith

Konjunktion

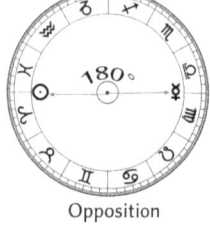

Opposition

Sextil

Quadrat

Trigon

Von der Erde aus gesehen durchläuft er jedoch nacheinander alle Abschnitte der Ekliptik, wenn auch unterschiedlich schnell. Durch die elliptische Form der Mondbahn ist die Verweildauer des Mondes in den Tierkreiszeichen unterschiedlich lang. Rechts als Beispiel der Januar 2022.

Während der Mond (optisch) durch den Tierkreis wandert, tritt er in Beziehung zu den übrigen Himmelskörpern im Sonnensystem. Er kann einen anderen verdecken (Konjunktion), er kann einem gegenüber erscheinen (Opposition) und der kann im scheinbaren Winkel von 60° (Sextil), 90° (Quadrat) oder 120° (Trigon) zu sehen sein. Diese Quasi-Verbindungen heißen in der Astrologie „Aspekte" vom lateinischen ASPICERE: ‚sich anschauen". Im Altertum behauptete man, der Mond werde durch diese Beziehungen

2.1.	♑	00:02	1d 23:42h
3.1.	♒	23:44	2d 1:32h
6.1.	♓	01:16	2d 5:19h
8.1.	♈	06:26	2d 9:21h
10.1.	♉	15:47	2d 12:21h
13.1.	♊	04:08	2d 13:03h
15.1.	♋	17:11	2d 11:52h
18.1.	♌	05:03	2d 9:59h
20.1.	♍	15:02	2d 8:00h
22.1.	♎	23:02	2d 5:55h
25.1.	♏	04:57	2d 3:37h
27.1.	♐	08:34	2d 1:35h
29.1.	♑	10:09	

Die Uhrzeit ist in Mitteleuropäischer Zeit (MEZ) angegeben.
Legende: d=Tage   h=Uhrzeit

„gestärkt". Wie sich die Aspekte in der Horoskopzeichnung zeigen ist links schematisch dargestellt. Bei farbigen Darstellungen sind blaue Verbindungslinien für Trigone und Sextile zwischen den Himmelskörpern üblich, rote Verbindungen für Quadrate und Oppositionen.

Wenn der Mond in einem Zeichen den letzten Aspekt passiert hat, nennt man die Zeit bis zum Eintritt in das nächste Zeichen „Leerlauf" oder „Mondpause", Englisch „Void of Course". Diese Phase wird häufig mit der Rückläufigkeit der übrigen Planeten verglichen (Rückläufigkeit von Merkur s. „Götter am Himmel", S. 37f.). Die Zeit des Mondes im Leerlauf ist jedoch gravierender. Wegen des ungleichmäßigen Laufs des Mondes und der unterschiedlichen Verteilung der Planeten im Sonnensystem kann er zwischen wenigen Minuten bis zu zwei Tagen dauern.

Alles, was in dieser Zeit geschieht, wird sich später als vergeblich herausstellen. Es wird weder schief gehen, noch erfolgreich sein, einfach so, als hätte man es nie unternommen. In der Stundenastrologie heißt die Antwort auf eine Frage, die man zur Zeit des Mondleerlaufs stellt:

Weder das, was du erhoffst noch das, was du befürchtest, wird eintreten!

Monika Riegger

Eine Operation, die zu dieser Zeit begonnen wird, muss wahrscheinlich wiederholt werden, eine schlimme Diagnose sich als Fehldiagnose erweisen. Deshalb ist die Kenntnis über die Mondpause grundsätzlich wichtig. Maßgeblich ist immer der Beginn einer Handlung; läuft sie bis in den Leerlauf hinein, hat das keine Auswirkungen.

Die aktuellen Zeiten für die Mondpause kann man verschiedenen Medien entnehmen. Sie stehen in einigen Kalendern mit astrologischen Daten, Rechts ein Beispiel:

Beim Astrodienst wird er beim „Persönlichen Tageshoroskop" im Fenster Mundan ausgegeben (s. Bild unten).

Es gibt darüber hinaus verschiedene englischsprachige Webpräsenzen, wo man die Daten für den Void-of-Course-Lauf des Mondes in Tabellen findet, z. B. voidofcoursemoon.com. Dort muss man allerdings die richtige Zeitzone wählen, in Mitteleuropa UTC +1, bei Sommerzeit UTC+2.

Astro-Kalender „Sternenlichter" 2022, Petra Niehaus, Chiron-Verlag

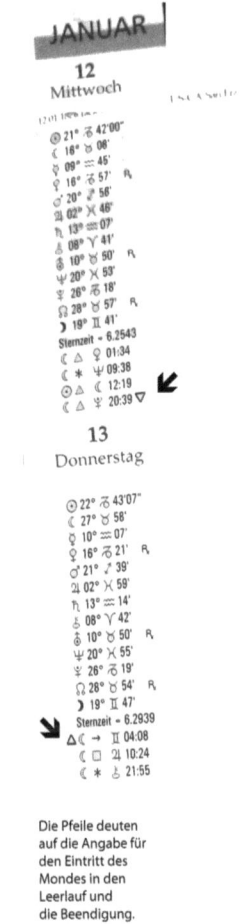

Die Pfeile deuten auf die Angabe für den Eintritt des Mondes in den Leerlauf und die Beendigung.

Der Mond in der Astromedizin

Theophrastus Bombast von Hohenheim, genannt Paracelsus (* 1493 oder 1494, † 24. September 1541); war ein Schweizer Arzt, Naturphilosoph, Naturmystiker, Alchemist, Laientheologe und Sozialethiker. Er gilt seit der zweiten Hälfte des 16. Jahrhunderts als einer der berühmtesten europäischen Ärzte und Begründer der modernen Medizin.

Von alters her war die Mondstellung ein wichtiger Faktor bei Diagnose und Behandlung von medizinischen Problemen. Die Frage, wann bestimmte Beschwerden eingetreten sind, der Patient zum ersten Mal den Arzt aufsuchte und die Diagnose gestellt wurde, ließ sich leichter mit der Mondstellung korrelieren als mit einem aufwendigen Horoskop.

Seit Paracelsus gibt es die Astromedizin und seither sind unzählige Bücher darüber erschienen.

In dem Standardwerk „Praktische Astro-Medizin" von Jane Ridder-Patrick wird insbesondere die Rolle des Mondes bei Stressaufbau und Stressbewältigung betont. Dies ist nach den vorherigen Ausführungen über den Mond als Signifikator für Aufnahme, Verarbeitung und Reflektion von Außenreizen leicht verständlich. Ridder-Patrick geht dabei besonders auf in der Kindheit erworbene Reaktionsmuster ein:

> Wir leben in einem Meer emotionaler Strömungen, die wir aber gewöhnlich nur bemerken, wenn sie sehr stark sind. Dieses Meer wird durch Zeichenstellung, Aspekte und Position des Mondes im Geburtshoroskop beschrieben. (Wahrscheinlich auch durch die Zeichen an der MC/IC-Achse ...) Der Einfluss des Mondes ist in der Kindheit am stärksten. Er zeigt, auf welche Weise ein Kind Emotionen empfängt und entwickelt und gibt deshalb klare Aufschlüsse über die emotionale Grundstimmung der ersten Lebensjahre. [...] Das Resultat ist in jedem Fall ein tief eingeprägtes Muster von automatischen Reaktionen, das für den Rest des Lebens die Grundlage unseres Verhaltens ist. Aus diesem Grund ist der Mond in der medizinischen Astrologie einer der wichtigsten Faktoren.
>
> Ridder-Patrick, S. 26

Resilienz

[engl. *resilience*; lat. RESILIERE abprallen, sich zus. ziehen],

bezeichnet die Widerstandsfähigkeit eines Individuums, sich trotz ungünstiger Lebensumstände und kritischer Lebensereignisse erfolgreich zu entwickeln. Resilienz wird z. T. als Gegenteil zu Vulnerabilität verstanden. Allerdings kann man nicht resilient sein, wenn keine stressreiche bzw. traumatische Erfahrung vorliegt: Resilienz manifestiert sich als eine Wiederherstellung normaler Befindlichkeit nach einem Schicksalsschlag (bouncing back from adversity).

https://dorsch.hogrefe.com/stichwort/resilienz

Dieser Text von 1992 nimmt voraus, was inzwischen auch in der Schulmedizin angekommen ist: Die Bedeutung der emotionalen Verarbeitung von Geschehnissen, insbesondere von solchen, auf die man selbst keinen Einfluss hat. Der Ausdruck „Resilienz" bezeichnet dabei eine besondere Form von Widerstandsfähigkeit.

Auch die inzwischen als krankhafte Störungen anerkannten Syndrome Autismus und ADHS beruhen auf fehlerhaften Verarbeitungen von Außenreizen. Hier ist noch ein weites Feld für astromedizinische Forschung, aus der nicht nur die Ursache, sondern auch die Linderung der zu beobachtenden Verhaltensstörungen zu ermitteln ist. Die Stellung des Monds im Geburtshoroskop spielt dabei jedenfalls eine prominente Rolle.

Das Geschlecht von Sonne und Mond

> Die Unterscheidung der Menschen in Mann und Frau ist tatsächlich für die Astrologie an sich unerheblich, weil es keine Möglichkeit gibt, sie im Horoskop zu veranlagen.
>
> Christopher Weidner in Meridian 5/2017, S. 31

In der westlichen Astrologie wird die Sonne oft als männliches Prinzip, der Mond als weibliches bezeichnet. Dies entspricht aber nicht der deutschen Sprache, in der der Mond männlich und die Sonne weiblich ist. Auch in anderen Kulturen entspricht die Geschlechterzuordnung nicht dem „astrologischen Prinzip".

Die Zuordnung von „reaktiv, weich, beeinflussbar" als Kennzeichen von Frauen und „aktiv, mutig, kreativ" für Männer hat aber eigentlich nichts mit Astrologie zu tun. Es sind gesellschaftliche Definitionen, die durchaus auch mit sonstigen Strukturen des Patriarchats in Verbindung gebracht werden können. Die Astrologie Westeuropas hat sich jahrhundertelang diesen sozialen Grundeinstellungen nicht entziehen können.

Weltweit gibt es für Sonne und Mond die unterschiedlichsten Geschlechter und Beziehungen zueinander – siehe dazu die Karten im Folgenden. Auch sprachlich existiert keine Eindeutigkeit, Sonne und Mond können männlich oder weiblich sein, manche Sprachen haben gar keine geschlechtsbezogenen Artikel. In den letzten Jahren wurden eindeutige Zuweisungen, die sich nur auf zwei Möglichkeiten bezogen, wiederholt infrage gestellt. Deshalb müssen Geschlechtszuordnungen in der Astrologie neu diskutiert werden.

Die englische Sprache hat in Bezug auf das Geschlecht von Sonne und Mond eine besondere Entwicklung durchgemacht: Im Altenglischen ist der Mond männlich, die Sonne weiblich; nach der Normannisierung ab 1066 wurde der Mond weiblich, die Sonne männlich (nachzulesen noch bei Shakespeare). Gegen Ende des 20. Jahrhunderts wurden Sonne und Mond dann als Gegenstände ‚entpersonalisiert' und beide sächlich (Neutrum).

Leo Frobenius

Wie die Verteilung weltweit ist, hat als erster der Ethnologe Leo Frobenius erforscht und publiziert. Er gilt inzwischen als umstritten, da er wohl vollständig die kolonialen Ansichten seiner Zeit teilte.

> In seinem Reisebericht spart Frobenius nicht mit Sätzen über die Primitivität von Land und Leuten. Der Text ist durchsetzt von rassistischen und sexistischen Phrasen, mit denen er zu versuchen scheint, sich immer wieder das eigene Überlegenheitsgefühl vor Augen zu führen. (...) Zweifellos war Frobenius ein Befürworter des kolonialen Projekts.
>
> Mamadou Diawara, eine der beiden Leiter des Frobenius-Instituts
> https://www.antropologi.info/blog/ethnologie/2006/frobenius

Leo Frobenius (* 29. Juni 1873 in Berlin; † 9. August 1938 in Biganzolo, Italien)

Das Frobenius-Institut als Teil der Johann-Wolfgang-Goethe-Universität in Frankfurt am Main verwaltet bis heute seine riesige Sammlung an Zeichnungen, Texten und Artefakten.

Dr. Ute Röschenthaler
Apl. Professorin an der
Johannes Gutenberg-
Universität Mainz
Forschungsschwerpunkt:
Afrika

Dennoch gilt Frobenius als Begründer der modernen Ethnologie, denn die Mitautorin Dr. Ute Röschenthaler dezidiert:

> Was die Sortierung der Bevölkerung in ethnische Gruppen betraf, kam Frobenius zu einer für die damalige Zeit bemerkenswerten Erkenntnis. (...) Frobenius erkannte, dass die meisten ethnischen Begriffe Zuschreibungen von aussen waren und die ethnische Gruppe keine feste Kategorie war.

https://www.antropologi.info/blog/ethnologie/2006/frobenius

Léopold Sédar **Senghor**
(* 9. Oktober 1906 in Joal,
Senegal; † 20. Dezember
2001 in Verson, Frank-
reich) war ein senega-
lesischer Dichter und
Politiker und von 1960 bis
1980 der erste Präsident
des Senegal.

Die Ambivalenz zeigt sich auch darin, dass Frobenius' Sammlung von Artefakten und Erzählungen heutzutage durchaus als Ergebnis von „Raubzügen" gesehen werden kann, andererseits wird er noch immer in vielen afrikanischen Staaten geschätzt. Der senegalesische Dichter Léopold Sédar Senghor schrieb, er habe „Afrika seine Würde und seine Identität wiedergegeben", Auch der Dichter Aimé Césaire bezeichnete ihn als seinen „Lehrer". Beide behaupteten, Frobenius hätte die afrikanische Kultur der europäischen als gleichwertig angesehen, was für einen Gelehrten seiner Zeit ungewöhnlich war.

Aimé Fernand David
Césaire (* 26. Juni
1913 in Basse-Pointe,
Martinique; † 17. April
2008 in Fort-de-France,
Martinique) war ein af-
rokaribisch-französischer
Schriftsteller und Politi-
ker (PPM). Er begründete
zusammen mit Léopold
Sédar Senghor und
Léon-Gontran Damas das
Konzept der Négritude.
Von 1983 bis 1986 war er
Präsident des Regional-
rats von Martinique.

Ungeachtet dieses Disputs sind die Forschungen von Leo Frobenius zum Geschlecht von Sonne und Mond deshalb wichtig, da seine Aufzeichnungen aus einer Zeit stammen, da noch nicht Radio, Film und Fernsehen zu einer weltweiten Vermischung von Auffassungen geführt hatten.

In seinem Werk „Vom Kulturreich des Festlandes" legt er seine Untersuchung der Mythen dar. Er unterscheidet vier verschiedene Kulturformen:

1. Solare Kultur:
   Männliche Sonne und weiblicher Mond als Ehepaar

VERTEILUNG DER „SOLAREN" KULTUR

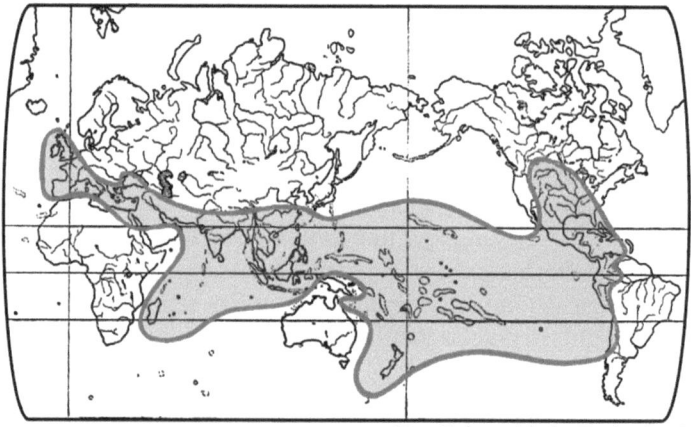

Vom Kulturreich des Festlandes, S. 53

84

In diese Gruppe gehört zwar der Mittelmeerraum, Frankreich und England, aber nicht Zentraleuropa und Skandinavien.

> **Die schlichte Aufgabe ist die, die geografische Verbreitung eines anthropomorphen Sonnengottes festzustellen – d. h. nicht nach Mythenauslegung, nach Interpretation –, sondern direkt nach der Aussprache der Mythe selbst.**
>
> (Frobenius, Vom Kulturreich des Festlands, S. 51)

2. Lunare Kultur:
   Weibliche Sonne und männlicher Mond als Geschwister

VERTEILUNG DER „LUNAREN" KULTUR

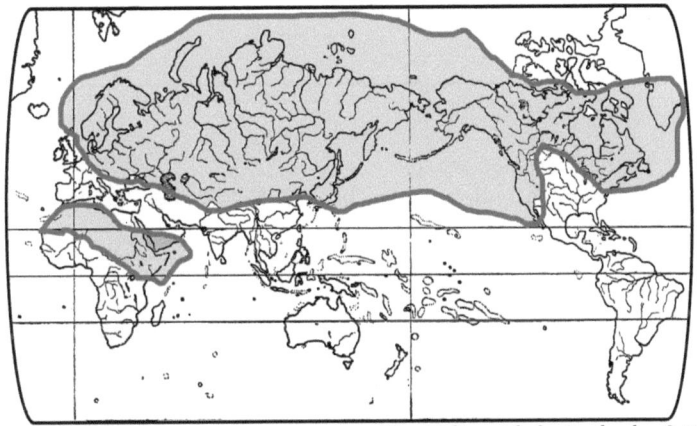

Vom Kulturreich des Festlandes, S. 55

Schwerpunktmäßig ist diese Auffassung sowohl in Eurasien als auch Amerika in der nördlichen gemäßigten Klimazone verbreitet, nur das Sahara-Gebiet macht eine Ausnahme. Reste dieser (anscheinend älteren) Auffassung finden sich noch in indischen Mythen, die auf antike Wurzeln zurückgehen. Wenn die in diesen Gebieten gesprochenen Sprachen geschlechtsbezogene Artikel verwenden, ist – wie im Deutschen – der Mond männlich und die Sonne weiblich.

Soweit es noch ursprüngliche Mythen gibt, drückt sich die Geschlechterrolle auch in ihnen aus. Im nordamerikanischen Bereich bis hin zu den Inuit sind verschiedene Versionen verbreitet, in denen die Zeichnung des Mondes aus dem Handabdruck seiner Schwester resultiert, die sich seiner erwehren muss.

Rekonstruiert hat ... der Historiker und Ethnologe Richard Kuba, Mitarbeiter des Frobenius-Instituts an der Frankfurter Goethe-Universität, die im Besitz von etwa 8600 Felsbildkopien ist.

Über Jahrzehnte galt das Archiv als raumfressende Altlast. Nun aber ist es zur Verblüffung aller zu einem breiten Fluss geworden, in den jeder seine Angel halten kann, um einen dicken Fisch herauszuziehen. Jeder – das sind Kunsthistoriker, Ethnologen, Museumsleute oder Archäologen. Von 2006 bis 2009 wurde das Archiv digitalisiert und online gestellt. Seitdem werden rund um Frobenius' nachgelassenes Werk Forschungsprojekte beantragt. Anfragen von südafrikanischen Archäologen, die nach Frobenius' Vorlagen inzwischen zerstörte Höhlen rekonstruieren wollen, gehören zur Tagesordnung.
(FAZ, 22.12.2015)

Das Wort „Kultur" in den Bezeichnungen der verschiedenen Verteilungen bezieht sich auf eine ganz eigene Kulturtheorie, die Frobenius in dem hier zitierten Werk darlegt.

Diese ist inzwischen obsolet geworden.

Eine Sonderform sieht Frobenius in Zentralafrika, wo **Venus** und nicht die Sonne Partnerin des (männlichen) Mondes ist.

VERTEILUNG DER „VENUS-"KULTUR

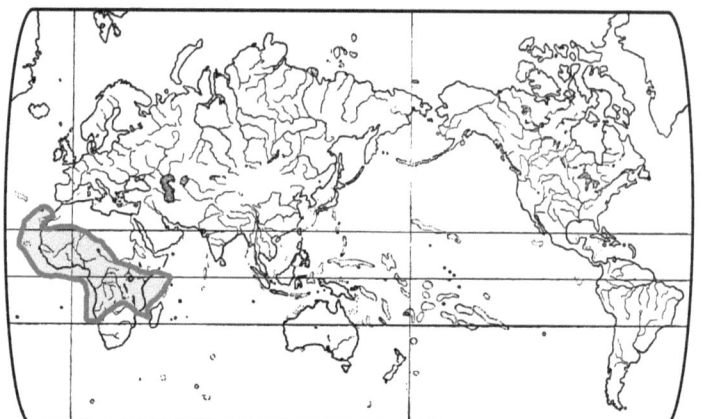

Vom Kulturreich des Festlandes, S. 63 (Auszug)

3. Fossile Kultur
Sonne und Mond sind männlich, oft Brüder oder Zwillinge

Frobenius gebraucht das Eigenschaftswort „fossil" im Sinn von „althergebracht, unverfälscht von äußeren Einflüssen".

VERTEILUNG DER „FOSSILEN" KULTUR

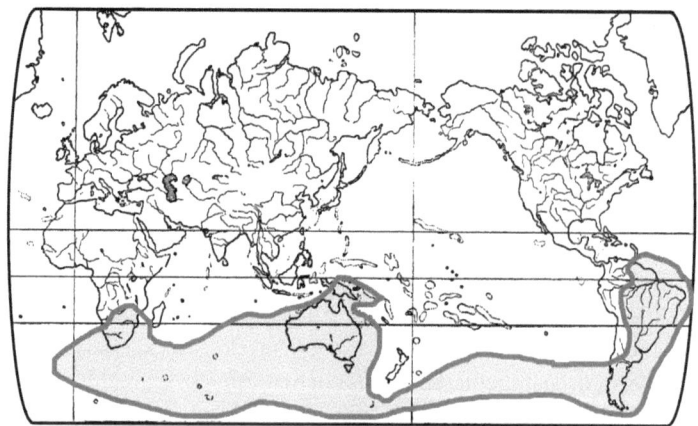

Vom Kulturreich des Festlandes, S. 63 (Auszug)

Im Gegensatz zu der bis weit ins 20. Jahrhundert üblichen Auffassung, wusste Frobenius, dass die Aborigines Australiens sich in viele unterschiedliche Völker gliedern.

Hier handelt es sich hauptsächlich um isolierte Kulturen:
• Indigene Völker Südafrikas (San bzw. Khoisan), zu seiner Zeit mit dem Sammelbegriff „Buschmänner" bezeichnet.
• Australische Ureinwohner (Aborigines), besonders im westlichen und nördlichen Teil des Kontinents.
• Südamerikanische Völker östlich der Anden.

Frobenius war der erste Ethnologe, der Informationen über den kulturellen Stand der untersuchten Völker aus deren Mythen zu gewinnen versuchte. Dabei vermied er den Abgleich mit traditionellen europäischen Überlieferungen, sondern sah diejenigen indigener Völker, insbesondere afrikanischer, als gleichbedeutend an. Auch wenn sein Werk von rassistischen und kolonialen Grundannahmen seiner Zeit durchzogen ist, hat er doch zur Aufwertung nichteuropäischer Kulturen beigetragen.

Geschlechterzuweisungen in der Astrologie

Die westliche Astrologie hat die Arbeiten Frobenius' nicht aufgenommen, sondern ist bei den traditionellen mythologischen Bezügen zum Mittelmeerraum und dem vorderen Orient geblieben. Das zeigt eine Grafik aus dem 1994 erschienenen Buch von Liz Greene und Howard Sasportas:

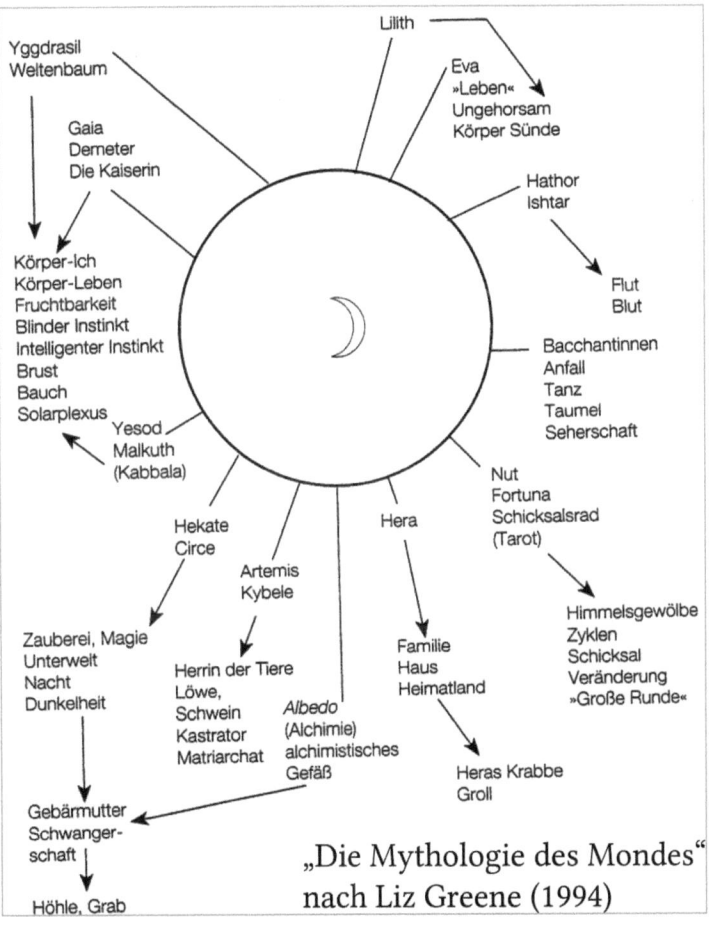

„Die Mythologie des Mondes" nach Liz Greene (1994)

Erläuterung der mythologischen Bezeichnungen:

Yggdrasil (Weltenbaum):
Isländisch-Norwegisch, 12. Jhd. n. Chr.

Gaia, Demeter, Hekate, Circe, Artemis, Hera, Kybele:
Griechisch, vor 700 v. Chr.

Lilith:
Sumerisch, 3. Jt. v. Chr.

Hathor, Nut, :
Ägyptisch, 3. Jt. v. Chr.

Ishtar:
Assyrisch, 3. Jt. v. Chr.

Yesod, Malkut:
Sephirot der jüdischen Kabbala, ab 3. Jhd. n. Chr.

Bacchantinnen:
Griechisch, 5. Jhd. v. Chr.

Fortuna
Römisch, 5. Jhd. v. Chr.

Es soll an dieser Stelle durch das Zitat nicht der Autorin Liz Greene eine besonders geschlechtsorientierte Haltung unterstellt werden.

Ihre Darstellung wurde nur als Beispiel für die Haltung der Astrologie im 20. Jahrhundert gewählt, die sich praktisch durch alle Veröffentlichungen zieht.

Alexander von Prónay
geb. 31. 3. 1927,
19:45 GMT,
Varnsdorf, Tschechien,
14e36, 50n55
† 21. 4. 2007.

Autor vieler astrologischer Fachbücher. Ehrenmitglied des DAV.

Aus der Darstellung wird deutlich, dass hier eine mythologische Verknüpfung ausschließlich mit weiblichen Gestalten aus dem genannten geografischen Raum gesucht wird. Mondgötter sogar aus der jeweils gleichen kulturellen Tradition wie Nanna bzw. Sin (sumerisch-assyrisch-babylonisch) oder Jah, Thot und Chons (ägyptisch) kommen nicht vor. Nur der Weltenbaum Yggdrasil aus der nordischen Mythologie des Hochmittelalters durchbricht scheinbar dieses Schema. Diese Grafik und die einige Seiten weiter im gleichen Buch abgebildete entsprechende Darstellung der Mythologie der Sonne – ausschließlich mit männlichen Charakteren – vermitteln die noch immer in vielen astrologischen Deutungsbüchern vorherrschende Geschlechterdifferenzierung. Nach diesem Ansatz fußt sie entsprechend auf dem Männer- und Frauenbild in den patriarchalischen Gesellschaften der vorderen Orients und Mittelmeerraums.

Auch der Astrologe Alexander von Prónay sieht in „Mann und Frau" ein Gegensatzpaar; er behandelt dies im Kapitel „Polaritäten – und die Schwierigkeiten, sie verständlich zu machen" seines Werks „Das große Buch vom Horoskop" von 1994. Er räumt zwar ein, dass es sich um ein gesellschaftliches Rollenverständnis handelt, nennt als Beispiele jedoch:

Heute wird von einem Unternehmer eine energisch-aggressive Grundhaltung erwartet und höher bewertet als die als weiblich bezeichneten Tugenden Sensibilität, Großzügigkeit und Fürsorge.

a. a. O., S. 94f

Diese Aussage impliziert, dass Frauen nicht für eine Unternehmerrolle geeignet sind. Es werden ihnen zwar „Tugenden" zugebilligt, diese können aber in Wirklichkeit nur in der Rolle der Ehefrau und Mutter gelebt werden. Auch bei anderen Astrologen der ausgehenden 20. Jahrhunderts finden sich derartige Auffassungen, die am Ende zu einer Gegenüberstellung führen:

Sonne	Mond
männlich	weiblich
aktiv	passiv
extrovertiert	introvertiert
roh und rau	fein und kultiviert
stabil und verlässlich	launenhaft und beeinflussbar

nach Meridian 2017/5 S. 11 (bearbeitet)

Bei allen diesen Darstellungen von „männlichen" und „weiblichen" Charaktereigenschaften bleibt unberücksichtigt, dass jeder Mann auch den Mond und jede Frau ebenfalls die Sonne im Geburtshoroskop hat.

Abweichend von den zuvor Genannten hält es der Begründer der „Münchener Rhythmenlehre", Wolfgang Döbereiner. Sein Lehrwerk besteht – wie das oben zitierte Buch von Liz Greene und Howard Sasportas – aus den Mitschriften seiner Seminare. Bereits in den Texten von 1971 ist zu erkennen, dass Döbereiner sehr um geschlechtliche Neutralität bemüht ist. So erklärt er besondere Mondpositionen im Zusammenhang mit einem Krebsaszendenten an den Geburtsbildern von Ludwig II. von Bayern und Albert Einstein, beides Männer. Auch bei den weiteren Horoskopdeutungen kommen die zuvor genannten Stereotypen nicht vor.

Wolfgang Döbereiner, geb. 28.2.1928, 12:07 GMT, München; Deutschland, 11e34, 48n08
† 5.4.2014

Aktuelle Entwicklung

Die Gender-Diskussion der letzten Jahre ist auch an der Astrologie nicht vorbeigegangen. Im Zusammenhang mit astrologischen Beratungen mussten die bislang üblichen Deutungen überprüft werden. Nicht mehr nur Ratsuchende, die eine gegengeschlechtliche langfristige Beziehung anstreben, sondern auch Personen aus dem weiten Spektrum der LGBTQ suchen Lebenshilfe bei Astrologinnen und Astrologen. Dabei waren und sind traditionelle Rollenvorstellungen und Geschlechtszuweisungen ein deutliches Hindernis.

Über die verschiedenen Probleme der astrologischen Deutung mit dieser neuen Entwicklung gibt ein Heft der Fachzeitschrift „Meridian" vom September/Oktober 2017 Auskunft. Darin sind die „Geschlechterrollen in der Astrologie" das Schwerpunktthema.

Neben einigen sehr traditionellen Artikeln – auch wenn in diesen immer wieder betont wird, dass es nicht um Wertungen gehe – enthält das Heft doch Ausblicke auf eine Weiterentwicklung der astrologischen Deutungspraxis, die Hoffnung auf eine Veränderung machen.

Astrologische Deutung ist immer eine Art der Übersetzung einer grundsätzlichen, aber abstrakten Symbolik in konkrete Aussagen. Diese sind orientiert an der jeweiligen privaten und/oder gesellschaftlichen Situation. Gesellschaftliche Veränderungen erzwingen entsprechende Veränderungen in der Deutung.

Auf S. 34 wurde bereits auf den in den letzten Jahrhunderten eingetretenen Bedeutungswandel des Berufs hingewiesen. Auch im Bereich Partnerschaft und Ehe hat sich viel verändert: Früher waren Ehen oft Zweckgemeinschaften (z. B. von den Eltern arrangiert) und getrennt von Liebesbeziehungen; bei einer Horoskopdeutung wurden sie unterschiedlichen Bereichen zugeordnet (7./5. Haus). Heutzutage gelten Liebe und Ehe als zusammenfallend und werden entsprechend gemeinsam im Partnerschaftsbereich gedeutet. Die grundsätzliche astrologische Symbolik ändert sich dabei nicht, nur die Übertragung in die Alltagswirklichkeit musste den neuen sozialen Gegebenheiten angepasst werden.

LGBTQ
ist die abkürzende Bezeichnung für Menschen, die nicht dem traditionellen Geschlechterschema folgen:

L = Lesbisch

G = Gay (schwul)

B = Bisexuell

T = Transsexuell

Q = Queer

Menschen, deren sexuelle Orientierung und Geschlechterrolle dem traditionellen Muster entspricht, werden wissenschaftlich als „cisgender" (oder einfach nur cis) bezeichnet; so wird die wertende Polarität *normal-unnormal* vermieden.

CIS ist lateinisch und bedeutet: ‚diesseits' (eines Flusses, einer Grenze usw. im Gegensatz zu TRANS: ‚jenseits')

In der englischen Sprache
wird unterschieden
zwischen:

▸ **sex**: Biologisches
Geschlecht

▸ **gender**: sozialem (ge-
lebtem) Geschlecht

▸ **desire**: sexuellem
Begehren

Das Zusammenspiel
dieser drei Persönlich-
keitsfaktoren ist mit dem
Begriff *queer* belegt.

Barry Perlman

amerikanischer Astrologe
im Netz als astrobarry
bekannt.

Stefan Hofbauer

beratender Astrologe und
Psychologe in Wien

Christopher Weidner

Autor mehrerer Bücher
mit eigener Beratungs-
praxis in München.

Petra Niehaus

Leiterin des
Astro-Instituts in Aachen
und Herausgeberin des
Astrokalenders
„Sternenlichter"

In der genannten Fachzeitschrift finden sich vier Artikel mit einem Ausblick auf eine neue Haltung. Wie dort, werden in den folgenden Zusammenfassungen weibliche und männliche Bezeichnungen abwechselnd gebraucht.

Zunächst von **Barry Perlman** „Warum Queer-Astrology?" Darin begründet er sehr ausführlich, dass astrologische Deutung nicht vom Lebensstil und den Partnerpräferenzen der Horoskopeignerin abhängig ist, sondern von den Planetenstellungen und Achsenverteilungen, die für jeden Menschen ein einzigartiges Muster ergeben. Die Aufgabe der modernen Astrologen ist für ihn, dieses Muster aufzuspüren, in konkrete Strukturen umzusetzen und zur psychologischen Hilfe der Klientinnen einzusetzen. Um deutlich zu machen, dass es nicht um Übertragung althergebrachter gesellschaftlicher Muster, sondern um die individuelle Befindlichkeit jeglicher geschlechtlicher Ausrichtung geht, verwendet er das Eigenschaftswort „queer".

Als nächstes erläutert **Stefan Hofbauer** den Begriff „Heterosexismus". Damit ist die Grundeinstellung gemeint, Heterosexualität, traditionelle Partnerschaft und langjährige Beziehungen seien die Regel und erst einmal bei jedem Menschen vorauszusetzen. Hofbauer zeigt auf, wie diese Einstellung eine erfolgreiche astrologische Beratungspraxis blockieren kann und demonstriert an einem Beispiel, wie sie einem Klienten sogar schadete.

Aus der Sicht der von Michael Roscher 1986 gegründeten Schule der „Transpersonalen Astrologie (TPA)" stellt **Christopher Weidner** fest: „Das Horoskop kennt kein Geschlecht" und zeigt auf, dass entsprechende astrologische Aussagen aus dem Zeitgeist ihrer Definition entstammen und heutzutage obsolet geworden sind. Dabei geht er besonders auf das Verhältnis zwischen Beraterin und Ratsuchendem ein (s. auch das Motto dieses Buchkapitels).

Als einzige Frau, die hierzu einen Fachartikel erstellt hat, äußert sich **Petra Niehaus** zu der Frage, was sie als Astrologin unter „Männlich – Weiblich" versteht. Sie nennt als Ursprung dieser Differenzierung die griechische Mythologie und kommt zu dem Schluss, dass diese nicht mehr auf unsere gesellschaftlichen Verhältnisse anwendbar ist. Aus ihrer Erkenntnis der gesellschaftlichen Bedingtheit der Geschlechterrollen beschreibt sie neue, ‚neutrale' Deutungsvorschläge für Tierkreiszeichen, Häuser, Planeten und Lichter.

> Geschlechtliche Identität entsteht in familiären, kulturellen, gesellschaftlichen, wirtschaftlichen und ethischen Kontexten, sie wird konstruiert, immer wieder neu hergestellt.
>
> Niehaus, a.a.O. S. 28

Schlussbemerkungen

Von den Hengebauern der Jungsteinzeit bis zur Genderdiskussion des 21. Jahrhunderts ist eine weite Spanne, die Leserinnen und Leser mitgehen mussten. Hoffentlich hat der Weg ihnen ebensoviel Vergnügen bereitet wie seine Erarbeitung der Autorin. Obwohl dieses Buch eigentlich ein Pendant zu „Götter am Himmel" werden sollte, ist es doch – mit dem Abstand von neun Jahren zwischen beiden Büchern – ganz anders. Einige Strukturen wurden übernommen, andere neu hinzugefügt. Es lohnt sich dennoch das ältere Werk hinzuzuziehen, indem insbesondere die Bedeutung des Symboldenkens in der Astrologie ausführlicher erläutert ist.

Aber auch in diesem Buch wurde besonderer Wert gelegt auf die Darstellung der Astrologie als symbolischer Sprache, eine Betrachtungsweise, die die Zeitlosigkeit und Universalität dieses Instruments deutlich machen soll. Damit wird dieses Buch auch für diejenigen interessant, die sich bereits mit Astrologie befasst haben.

Eigentlich sollte am Ende noch eine Auswahl Märchen und Mythen folgen. Aber nach den Ausführungen im vorigen Kapitel wurde deutlich, dass dies obsolet geworden ist. Die europäischen Märchen des 19. Jahrhunderts transportieren überholte Gesellschaftsbilder; dass die vor mehr als hundert Jahren von Frobenius in Afrika und Asien gesammelten Märchen und Mythen noch der Lebenswirklichkeit in den Ursprungsländern entsprechen, kann bezweifelt werden.

Leider ist bei dem aktuellen medialen Überangebot von mehr oder weniger „märchenhaften" Geschichten nicht zu erkennen, welche davon sich als längerfristig tragfähig erweisen. Darunter ist im Sinn dieses Buchs zu verstehen, dass sie die gesellschaftliche Wirklichkeit in einer von Individuen abgehobenen Form wiedergeben und gleichzeitig die dargestellten „Typen" im Sinn einer modernen sozialen Gemeinschaft handeln lassen. Solche Märchen sind noch nicht erkennbar. Deshalb bleibt dieser Platz leer.

Es hat sich gezeigt, wie sich die astrologischen Deutungen von Sonne und Mond ohne Ideologisierung auf die modernen Gesellschaftsströmungen übertragen lassen: Durch Rückgriff auf die grundlegende Symbolik von Aktivität und Reaktivität. Diese Symbole sind zeitlos und universell. Aus ihnen resultiert eine Kraft, die letztlich die Bedeutung der Astrologie selbst ausmacht.

Die Praxis der Astrologie orientiert sich an den jeweils aktuellen geisteswissenschaftlichen und gesellschaftlichen Bedingungen. Zugrunde liegen jedoch immer die Symbole, die Zeit und Mode überdauern. Dieses Büchlein hat hoffentlich dazu beigetragen, die Anwendung astrologischen Symboldenkens in unserer heutigen Zeit deutlich zu machen.

Bildverzeichnis

Wenn hier nicht angegeben, stehen die Quellen im laufenden Text.

S. 0   CC-BY-2.0, Cederberg, South Africa, Urheber yeowatzup from Göttingen, Germany

S. 4   https://www.sunnyfuerte.com/fuerteventura-entdecken/sehenswuerdigkeiten/norden/westen/tindaya/winter-sonnwende-montana-de-enmedio/

S. 4   https://archaeologynewsnetwork.blogspot.de/2017/01/prehistoric-calendar-rock-found-in.html

S. 5   https://upload.wikimedia.org/wikipedia/commons/c/c9/Goseck.Panorama.innere.Palisaden..jpg, Urheber: Rainer Zenz
https://de.wikipedia.org/wiki/Boitiner_Steintanz
http://www.Grosssteingraeber.de

S. 6   https://commons.wikimedia.org/wiki/File:Manhattanhenge_42_st.jpg, Urheber Sevtibidou

S. 12   https://de.wikipedia.org/wiki/Himmelsscheibe_von_Nebra

S. 13   https://en.wikipedia.org/wiki/Trundholm_sun_chariot
Hänsel, Bernhard, Wie sich die Sonne zum Sonnengott wandelte, Publikationen der FU Berlin 01/2003

S. 14   Keilschrifttafel mit Darstellung des Sonnengottes in seinem Heiligtum, Institut für Altorientalistik, FU Berlin

S. 15   https://segu-geschichte.de/aegypten/
Chons mit Mond, https://commons.wikimedia.org/wiki/File:Khonsu.svg, Author Jeff Dahl
Iah_mit Mond, https://de.wikipedia.org/wiki/Iah_(Ägyptische_Mythologie)#/media/File:Iah_colored.png
Thot_mit_Mond, https://commons.wikimedia.org/wiki/File:Milkau_Der_heilige_Baum_von_Heliopolis_mit_Thot_und_Seschet_15-2.jpg

S. 22   https://tothelandofdreams.blogspot.com/2016/08/cetus.html
https://en.wikipedia.org/wiki/File:Cetus_as_constellation_tail.jpg
http://astronomy.utfs.org/monatlich/0303_sternenhimmel_k.jpg

S. 23   Sonnenaufgang in der Wüste, https://de.m.wikipedia.org/wiki/Datei:Kalawy_Bay_Desert_02_2008.JPG
https://de.wikipedia.org/wiki/Datei:Erde,Sternbilderkreis, Guertel.png

S. 26   https://de.wikipedia.org/wiki/Datei:Erde,Tierkreis,Guertel2.PNG

S. 27   https://www.planetenbilder.com/images/astro_flash/astro.htm

S. 29, 40, 42, 43, 44, 45, 46 Hannelore Goos

S. 54   https://nationalsclc.org/

S. 56   https://www.wikiwand.com/de/Datei:Europäisches_KulturForum_Mainau_logo.svg

S. 58, 59, 61 Hannelore Goos

S. 72   https://janegoodall.de/

S. 79   https://de.wikipedia.org/wiki/Wappen_Bhutans

S. 80   Horoskopzeichnungen: Hannelore Goos

S. 81   Hannelore Goos

S. 87   Green, Liz, Sasportas, Howard, Sonne und Mond, München 1994, S. 16

Quellenverzeichnis

Astrodienst Zürich

Als Grundlage für die Prominentenhoroskope wurde die umfassende Datenbank der schweizerischen Firma „Astrodienst" herangezogen. Sie enthielt zum Zeitpunkt der Erhebung fast 75 000 Einträge, davon ca. 1/4 weiblich (Auskunft des Firmeninhabers). Aufgenommen sind Horoskope von öffentlichen Personen wie Sportlerinnen und Sportlern, Filmleuten, Kunstschaffenden, Autorinnen und Autoren, Politikern und Politikerinnen. Aus dieser Zusammenstellung wird klar, dass die Prominentenhoroskope nicht als statistisch repräsentativ anzusehen sind, sondern nur der Illustration bestimmter Verhaltesnweisen dienen.

Mit Genehmigung des Zuständigen hier ein kurzer Ausschnitt aus der Selbstdarstellung der Firma:

Die Firma Astrodienst
Horoskope für Menschen in aller Welt

Die Firma Astrodienst AG ist in Zollikon bei Zürich in einer romantischen Villa in der Nähe des Zürichsees beheimatet. Ein Team von derzeit acht hart arbeitenden Personen leitet den täglichen Service und die Entwicklung neuer Projekte, zusammen mit einigen externen Partnern.

Seit mehr als drei Jahrzehnten entwickelt und vertreibt die Schweizer Firma Astrodienst Horoskope und astrologische Dienstleistungen. Präzise Berechnungen, die Entwicklung computererzeugter Horoskopdeutungen und ein umfangreiches Internetangebot bilden die Kernkompetenzen des kleinen Unternehmens.

Die Astrologin und der Physiker

Zu Beginn berechnete Alois Treindl, Gründer der Astrodienst AG, mit der eigens programmierten Astrologie-Software Horoskope für Berufsastrologen. 1987 folgte die erste computererzeugte Horoskopdeutung, die er zusammen mit der renommierten Astrologin und Psychologin Liz Greene entwickelte. Seit 1996 ist die Firma mit der Website www.astro.com im Internet vertreten und verzeichnet derzeit monatlich mehr als acht Millionen Besucher aus der ganzen Welt.

...

www.astro.com bietet neben den kostenpflichtigen Horoskopen eine grosse Palette von Gratisdiensten für astrologisch interessierte Laien und Fachleute an. Vom Persönlichen Tageshoroskop über Kurzhoroskope bis hin zur Berechnung vielfältiger Horoskopmethoden finden Benutzer aus aller Welt astrologische Informationen. Einführungen in die Astrologie, Fachartikel von bekannten Astrologen und Astrologinnen, Ephemeriden für 9000 Jahre, ein umfangreiches Astro Wiki mit dem gesammelten zeitgenössischen astrologischen Wissen, sowie die riesige Datensammlung Astro-Databank mit mehr als 70 000 Horoskopdaten und tausenden von Biografien ergänzen das Angebot der Website, die momentan in elf Sprachen online ist.

Falls ein Abgleich der hier geschilderten Umstände und Deutungen mit dem eigenen Horoskop gewünscht wird, kann man sich beim Astrodienst gratis eine Horoskopzeichnung erstellen lassen.

Fachzeitschrift Meridian (Eigenwerbung)

Druckmedien

Ackermann, Andreas (Hg.) et al., Im Schatten des Kongo. Leo Frobenius. Stereofotografien von 1904–1906, Museum der Weltkulturen, Frankfurt a. M. 2005

Barz, Ellynor, Götter und Planeten, Zürich 1988.

Beard, Mary, SPQR, Die tausendjährige Geschichte Roms, Frankfurt am Main 2016.

Bechstein, Ludwig, Deutsches Märchenbuch 1857, München 1967.

Campion, Nicholas, The Book of World Horoscopes, Bournemouth GB 2004.

Cunningham, Donna, Moon Signs, (Deutsch), München 1992.

Dahlmann, Mirja, Die althochdeutschen Zaubersprüche zwischen Heidentum und Christentum, Meschede 2020.

Döbereiner, Wolfgang, Astrologisches Lehr- und Übungsbuch, Band 1, München 1983.

Dorst, Brigitte, C. G. Jung und die feministische Kritik, in: Du : die Zeitschrift der Kultur, Band 55 Heft 8

Eranos, Yi Jing, Frankfurt am Main 2000.

Freud, Sigmund, Gesammelte Werke Bd. XI, 4. Auflage, Frankfurt am Main 1966.

Frobenius, Leo, Vom Kulturreich des Festlandes, Berlin 1923.

GardenStone, Ostara – Eostre – Eostar, Norderstedt 2015.

Goos, Gunivortus, Illustriertes Lexikon der Germanischen Gottheiten, Norderstedt 2020.

Goos, Hannelore, Astrokarten, Schneller Deutungsfinder für den astrologischen Alltag, Eigendruck Usingen 2011.

Goos, Hannelore, Götter am Himmel, Norderstedt 2014.

Goos, Hannelore, Lexikon der astrologischen Zuordnungen, 3. Aufl., Bd. 1-5, Norderstedt 2019.

Green, Liz, Sasportas, Howard, Sonne und Mond, München 1994.

Haage, Bernhard D., Sternzeichen aus einem alten Schicksalsbuch, Frankfurt am Main 1982.

Hänsel, Bernhard, Wie sich die Sonne zum Sonnengott wandelte, Publikationen der FU Berlin 01/2003.

Beyß, Barbara, Die eine Welt der vielen Wege, in: Herdfeuer, Zeitschrift des Eldaring e. V. Nr. 38, S. 39-66.

Hürlimann, Gertrud I., Astrologie, Zürich 1987.

Krause, Arnulf, Die Welt der Kelten, 2. Aufl., Frankfurt am Main, 2007.

Laveuve, Ludwig, Astrologie im neuen Licht, München 1960.

Mai Lootah: What is the Role of Folkloric Pre-Islamic Anwā' in Islamic Arabia? University of Wales Trinity Saint David, School of Archaeology, History and Anthropology, The Sophia Centre, Annual Conference 25-26 June 2016.

Meid, Wolfgang, Die Kelten, Stuttgart 2007.

Meller, Harald (Hrsg.): Der geschmiedete Himmel. Die weite Welt im Herzen Europas vor 3600 Jahren. Stuttgart 2004.

Meridian, Fachzeitschrift für Astrologie, 2017/5, S. 10-33.

Mertz. Bernd A., Astrologie als Wegweiser, Freiburg, 1984.

Mertz, Bernd A., Die Lichter des Himmels geben Zeichen, Münsingen-Bern, 1990.

Mertz. Bernd A., Paracelsus und seine Astrologie, Zürich CH, 1993.

Mitchel, Chris, Roger of Hereford and the First Astrology Book, In: The Loop, monthly email newsletter of the British Astrological Association, November 2016.

Österreichische Volkskunde, Zeitschrift für, Band 9 (1903), S. 15-16.

Probst, Ernst, Superfrauen, 14 Bücher auf CD-Rom, Bd. 10, Mainz-Kostheim 2001.

Prónay, Alexander von, Das große Buch vom Horoskop, Rastatt 1994.

Ridder-Patrick, Jane, Praktische Astro-Medizin, Wettiswil (Schweiz), 1992.

Rilke, Rainer Maria, Gesammelte Gedichte, Frankfurt am Main 1962.

Ring, Thomas, Astrologische Menschenkunde I-IV, Zürich 1956.

Roscher, Michael, Das Astrologie-Buch, München 1989.

Rudhyar, Dane, Astrologie der Persönlichkeit, München 1992.

Rudhyar, Dane, Das astrologische Häusersystem, München 1981.

Rüpke, Jörg, Die Religion der Römer, 2. Aufl., München 2006.

Rüpke, Jörg, Pantheon, München 2016.

Rüpke, Jörg, Zeit und Fest: Eine Kulturgeschichte des Kalenders. Beck, München 2006.

Sabin, Stefana: Andy Warhol , Reinbek 1992.

Sasportas, Howard, Astrologische Häuser und Aszendenten, München 1987.

Sasportas, Howard, Die Entfaltung der Persönlichkeit, (mit Liz Greene), München 1988.

Sasportas, Howard, Dimensionen des Unbewussten, (mit Liz Greene), München 1989.

Sasportas, Howard, Götter des Wandels, München 1991.

Schäfer, Thomas, Vom Sternenkult zur Astrologie, Düsseldorf 1993.

Sjöberg, Åke, Der Mondgott Nanna-Suen in der sumerischen Überlieferung, 1. Teil: Texte, Uppsala (Schweden), 1960.

Stuckrad, Kocku von, Geschichte der Astrologie, München 2007.

Theuer, Gabriele, Der Mondgott in den Religionen Syrien-Palästinas, Göttingen, 2000.

Titcomb, Sarah Elizabeth, Aryan Sun-Myths, The Origin of Religions, Troy (New York, USA), 1889.

Voss, Julia, Leo Frobenius: Der Moderne wider Willen – Feuilleton – FAZ, Frankfurt am Main, 22.12.2015.

Wing, R. L., Das Arbeitsbuch zum I Ging, 9. Aufl., München 1997.

Zautner, Andreas E., Der gebundene Mondkalender der Germanen, 1. Aufl., Leipzig 2013.

Zeller, Alfred P., Richtig leben nach den Sternen, Herrsching 1991.

Elektronische Quellen

Brigitte Hamann, Ihr Lebensziel.
  (Auszug unter https://www.astro.com/astrologie/in_career_g.htm)

http://samlinger.natmus.dk/DO/6865

http://www.gebrauchtemusik.de/magazin/hagen.html

http://www.heinrich-tischner.de/22-sp/9sp-ecke/fragen/200/2005/sonnemon.htm

http://www.lionpath.net/zwoelfger.html

http://www.sternwelten.net/bereiche-astrologie/stundenastrologie/198-wenn-der-mond-void-of-course-ist.html

https://archaeologynewsnetwork.blogspot.de/2017/01/the-moon-is-older-than-scientists.html

https://commons.wikimedia.org/wiki/File:Solvognen_DO-6865_2000.jpg

https://de.wikipedia.org/wiki/Hermetik

https://de.wikipedia.org/wiki/Horoskop

https://de.wikipedia.org/wiki/Leo_Frobenius

https://de.wikipedia.org/wiki/Tabula_Smaragdina?uselang=de

https://de.wikipedia.org/wiki/Tierkreiszeichen

https://dorsch.hogrefe.com/stichwort/authentizitaet

https://dorsch.hogrefe.com/stichwort/resilienz

https://www.antropologi.info/blog/ethnologie/2006/frobenius

https://www.astro.com/astrowiki/de/

https://www.astrologie-coaching.ch/post/das-imum-coeli-die-seele-deiner-persönlichkeit

https://www.astronomie.de/das-sonnensystem/basiswissen/entwicklung-des-sonnensystem/

https://www.barmer.de/gesundheit-verstehen/psychische-erkrankungen/extrovertiert-introvertiert-1071014

https://www.bibleserver.com

https://www.diogenes.ch/leser/titel/tomi-ungerer/die-hoelle-ist-das-paradies-des-teufels-9783257066753.html

https://www.duden.de/rechtschreibung/Resilienz

https://www.gnhcentrebhutan.org/history-of-gnh/

https://www.kritiknetz.de/ideologiekritik/241-konstruktivekritikderanalytischenpsychologiealsentsorgungdervergangenheit

https://www.madi-jasper.com/inverses_haeusersystem.htm

https://www.openthesaurus.de

https://www.spektrum.de/lexikon/psychologie/authentizitaet/1771

https://www.studysmarter.de/magazine/introvertiert-merkmale-eigenschaften/

https://www.theguardian.com/cities/2016/may/03/struggle-for-the-soul-of-milton-keynes

https://www.timelineastrology.com/neverland-revelations.html

https://www.wortbedeutung.info/Astrologie/

https://www.youtube.com/watch?v=f9vNmSyMUNA

Besonderer Dank gilt dem Forschungsastrologen Roland Meier, der seine noch unveröffentlichten Ergebnisse zu Leistungssportlern, insbesondere Fußballer-Daten zur Verfügung stellte.

Bedanken möchte ich mich an dieser Stelle auch bei dem Mastodon-User „mauz", der als Probeleser viele kleine Fehler und Ungereimtheiten im Probedruck gefunden hat.

Die Autorin unterhält eine kleine astrologische Webseite unter https://sonnenastro.de
Hannelore Goos selbst kann unter der Adresse HGoos@Sonnenastro.de
per E-Mail angeschrieben werden. Astrologische Beratung wird allerdings nicht angeboten.

Alle Bücher von Hannelore Goos sind erschienen bei Books on Demand, Norderstedt.
Sie sind erhältlich in allen Buchhandlungen,
signierte Exemplare von einzelnen Werken kann man in ihrem Webshop bestellen unter
http://www.hg-shop.eu
Dort sind regelmäßig Informationen über weitere Veröffentlichungen zu finden.

Das Arbeitswerkzeug "Astro-Karten" zur Erstellung einer schnellen Übersicht für die Horoskop-Deutung ist nicht im Buchhandel erhältlich, da jedes Exemplar einzeln von der Autorin von Hand gefertigt wird. Weitere Informationen und Bezugsquellen finden sich auf der o. a. Website.

Weitere Bücher von Hannelore Goos

Götter am Himmel

Römische Wurzeln astrologischer Planetensymbole

Historisch und aktuell werden die symbolischen Bedeutungen der fünf klassischen Astrologie-Planeten Merkur, Venus, Mars, Jupiter und Saturn gesucht. Die römischen Götter, die ihnen den Namen gaben, spielen dabei eine wichtige Rolle. Beschrieben werden ihre damaligen Rituale und die Bedeutung, die sie für das römische Volk hatten. Ein Abgleich mit den heutigen Inhalten der gleichnamigen astrologischen Symbole macht Übereinstimmungen und Unterschiede deutlich.

120 Seiten, broschiert, € 12,--
ISBN: 978-3-73228-800-7

Lexikon der astrologischen Zuordnungen

Ein Nachschlagewerk in fünf Bänden

Dies ist ein Wörterbuch der Astrologie.

Ebenso, wie man auch als guter Sprachkenner immer wieder ein Wörterbuch zur Hand nimmt, so dient dieses Lexikon dem Nachschlagen aller möglichen symbolischen Bedeutungen.

Es ist die moderne Fortführung der Jahrtausende alten Signaturenlehre.

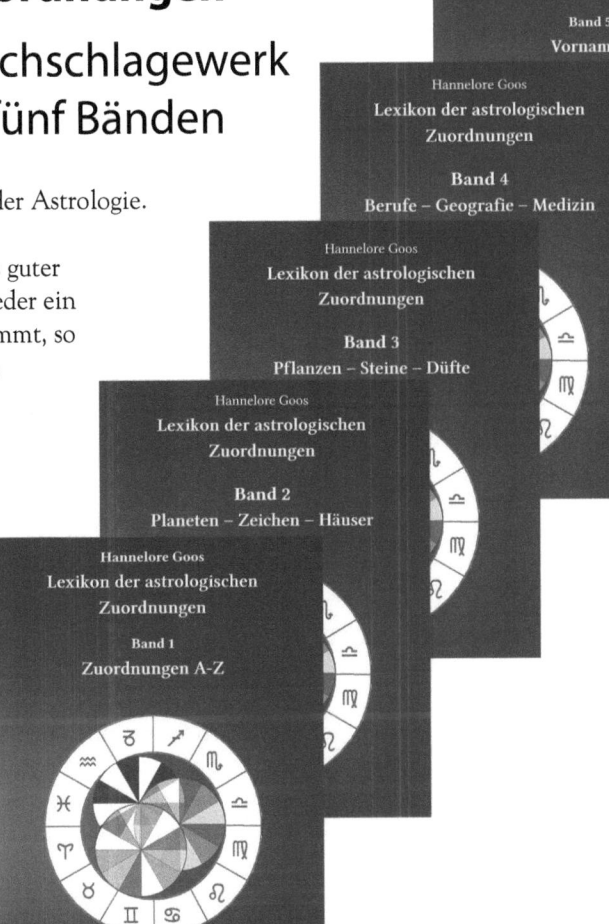

Band 1 Zuordnungen A – Z	**Band 3** Pflanzen, Steine, Düfte
248 Seiten, broschiert, €16,--	308 Seiten, broschiert, €20,--
ISBN: 978-3-74816-701-3	ISBN: 978-3-7481-7851-431-0
Band 2 Planeten, Zeichen, Häuser	**Band 4** Berufe, Geografie, Medizin
420 Seiten, broschiert, €24,--	260 Seiten, broschiert, €20,--
ISBN: 978-3-7482-583-9	ISBN: 978-3-7494-3100-7

Band 5 Vornamen
248 Seiten, broschiert, €15,--
ISBN: 978-3-7357-3818-9

Chirongeschichten

Trauma und Charisma
im Horoskop

An Geschichten, die Menschen hierzu einge-
schickt haben, und an Lebensläufen Prominenter
wird dargestellt, was die Hausposition des 1977
neu entdeckten Himmelskörpers Chiron im
individuellen Horoskop bedeutet.

Alle diese Menschen haben entsprechend
ihrer Chiron-Position eine traumatische Erfahrung gemacht, die vielfach für ihren späteren
Lebensweg bestimmend war.

Anhand von Horoskopzeichnungen wird das
Erzählte astrologisch untermauert.

160 Seiten
ISBN 978-3-8423-6013-6
Taschenbuch 12,90 €

Gelebte Tierkreiszeichen

Anleitung zu einem
erfolgreichen langen Leben

In diesem Buch wird nach Auswertung von mehr
als 50 000 Lebensdaten untersucht, welchen
Zusammenhang es zwischen der Sonnenposition
in den Tierkreiszeichen und der Lebenslänge gibt.

188 Seiten, Taschenbuch
ISBN 978-3-8370-5141-4
€ 16,50

(2. überarbeitete Auflage von „Die Lebenszeit
der Sternzeichen")